Bernd W. Klöckner

FQ – Finanzielle Intelligenz

Bernd W. Klöckner

FQ – Finanzielle Intelligenz

Clevere Geldstrategien für
Altersvorsorge und Finanzierungen

Die Deutsche Bibliothek – CIP-Einheitsaufnahme
Ein Titeldatensatz für diese Publikation ist bei
Der Deutschen Bibliothek erhältlich

1. Auflage Oktober 2002

Alle Rechte vorbehalten
© Betriebswirtschaftlicher Verlag Dr. Th. Gabler GmbH, Wiesbaden 2002

Lektorat: Guido Notthoff

Der Gabler Verlag ist ein Unternehmen der Fachverlagsgruppe BertelsmannSpringer.
www.gabler.de

Das Werk einschließlich aller seiner Teile ist urheberrechtlich geschützt. Jede Verwertung außerhalb der engen Grenzen des Urheberrechtsgesetzes ist ohne Zustimmung des Verlags unzulässig und strafbar. Das gilt insbesondere für Vervielfältigungen, Übersetzungen, Mikroverfilmungen und die Einspeicherung und Verarbeitung in elektronischen Systemen.

Die Wiedergabe von Gebrauchsnamen, Handelsnamen, Warenbezeichnungen usw. in diesem Werk berechtigt auch ohne besondere Kennzeichnung nicht zu der Annahme, dass solche Namen im Sinne der Warenzeichen- und Markenschutz-Gesetzgebung als frei zu betrachten wären und daher von jedermann benutzt werden dürften.

Umschlaggestaltung: Nina Faber de.sign, Wiesbaden
Foto: Manfred Riege, Nassau
Satz: FROMM MediaDesign GmbH, Selters/Ts.
Druck und Bindung: Wilhelm & Adam, Heusenstamm
Gedruckt auf säurefreiem und chlorfrei gebleichtem Papier
Printed in Germany

ISBN 3-409-12061-0

Achtung

In diesem Buch geht es ausschließlich um praxisorientierte, angewandte Finanzmathematik, um spannende Geldstrategien und verblüffende Rechenbeispiele für den richtigen Umgang mit Geld. Kosten und Gebühren werden nur in einzelnen Fragestellungen und nur beispielhaft berücksichtigt und berechnet.

Individuelle steuerliche Aspekte werden und können nicht berücksichtigt werden. Hier kann der Anwender bei entsprechender Übung Näherungslösungen für einzelne Fragestellungen errechnen. Eine individuelle Beurteilung der steuerlichen Auswirkungen der genannten Beispiele ist nicht Gegenstand dieses Buches und nur mit komplexer Software nach Erfassung der persönlichen steuerlichen Gesamtsituation möglich. Im Zweifel sollte ohnehin ein Steuerberater die steuerlichen Auswirkungen eines Geldgeschäfts prüfen.

Die Inhalte dieses Buches wurden sorgfältig berechnet und geprüft. Autor und mitwirkende Autoren übernehmen dennoch keine Gewähr und haften nicht für mögliche Verluste, die sich aufgrund der Umsetzung der in diesem Buch beschriebenen Gedanken und Ideen ergeben.

Warnung!

Bitte legen Sie dieses Buch direkt wieder weg, wenn Sie kein Interesse daran haben, für finanzielle Intelligenz zu arbeiten. Dieses Buch ist ein Arbeitsbuch! Verstehen Sie!

A R B E I T S-Buch

Das bedeutet: Sie müssen mit diesem Buch arbeiten. Es ist nicht damit getan, Geldbücher nur zu lesen, dann zu rufen oder zu denken „Finanzieller Erfolg, komme nun zu mir!" und abzuwarten, was geschieht. Ich verrate Ihnen, was dann geschieht. Nichts! Das ist alles. Wenn Sie also einer dieser passiven „Ich will nichts tun, ich will nichts verändern, aber ich will reich werden"-Typen sind, ist dieses

Buch schlichtweg die falsche und in diesem Fall viel zu teure Lektüre für Sie. Besuchen Sie statt dessen lieber irgendwelche Geldseminare, in denen Ihnen irgendein vermeintlicher, nicht selten selbsternannter Finanzguru für 500 € Eintrittsgebühr sagt „Sie sind reich. Sie sind ein Gewinner". Wenn Sie weitere 500 € drauflegen, dürfen Sie sogar selbst wiederholen „Ich bin reich. Ich bin ein Gewinner!" Verstehen Sie das? Darum geht es nicht. Darum kann es bei Geld nicht gehen. Geld, der richtige Umgang mit Geld, ist etwas sehr individuelles. Ihr Geldleben sieht so völlig anders aus als das Ihres Nachbarn oder Ihrer Freunde. Geld, der richtige Umgang mit Geld will trainiert sein. Will trainiert werden. Immer und immer wieder.

Daher nochmals: Dieses Buch ist ein A R B E I T S-Buch. Es ist geschrieben für Leute, die ernsthaft den richtigen Umgang mit Geld (er)lernen wollen. „Ohh", sagen aber einige „das Buch und der spezielle Taschenrechner für rund 80 €, das ist aber teuer". Lassen Sie mich wie folgt antworten: Wer meint, sich derart Kompetenz auf dem Weg zu Reichtum und finanzieller Freiheit anzueignen, sei teuer, sollte es mal mit Inkompetenz versuchen! Im Ernst! Versuchen Sie mal mit finanzieller Inkompetenz reich zu werden. Es wird nicht funktionieren! Sie werden womöglich nie etwas für den Erwerb von Geldwissen bezahlen. Nun gut! Dann bezahlen Sie eben auf eine andere Weise. Zum Beispiel durch

- ... falsche Geldentscheidungen
- ... teure Geldentscheidungen
- ... unsinnig abgeschlossene Sparverträge
- ... die Wahl mickrig rentierlicher Geldanlagen
- ... usw. ...

Die Botschaft lautet: Alles hat seinen Preis. Auch dann, wenn Sie nichts zahlen (wollen). Auf den Punkt gebracht: Sie wollen finanziellen Erfolg? Sie wollen finanziell intelligent mit Ihrem Geld umgehen? Dann ist dieses Buch kombiniert mit dem speziellen Finanzrechner goldrichtig! Wollen Sie dagegen Reichtum, jedoch nichts tun, nichts dazu lernen, legen Sie dieses Buch sofort ins Regal zurück. SOFORT! Verstehen Sie das?

Wichtiger Hinweis zur Anrede in diesem Buch

In diesem Buch verwende ich die männliche Anrede. Ich bitte alle weiblichen Leser um Verständnis. Die Kombination aus männlicher und weiblicher Anrede würde das Lesen erheblich erschweren. Wobei mir eines am Herzen liegt: Untersuchungen zufolge sind Frauen die besseren Geldanleger. Frauen hinterfragen kritischer, sind sicherheitsbewusster, setzen auf Risiko oder risikoreichere Geldanlagen nur, wenn sie es verstanden haben. Insgesamt, so haben verschiedene Banken in Studien herausgefunden, erzielen Frauen so auf Dauer bis zu 2,3 Prozent mehr pro Jahr. Hierzu ein kleines Beispiel:

Ehepaar Sparsam legt jeden Monat 200 € zur Seite. Jeder für sich investiert in Aktien, Aktienfonds und alle anderen in Frage kommenden Geldanlagen. Angenommen, Herr Sparsam erzielt einen effektiven Zins von 9 Prozent, Frau Sparsam dagegen zusätzliche 2,3 Prozent im Jahr, also effektiv 11,3 Prozent. Nach unterschiedlich langer Laufzeit sieht das jeweilige Endvermögen wie folgt aus:

	Herr Sparsam	Frau Sparsam
10 Jahre	*19.000 EUR*	*21.400 EUR*
20 Jahre	*63.800 EUR*	*83.700 EUR*
30 Jahre	*170.100 EUR*	*265.600 EUR*

Für alle weiblichen Leser dieses Buches gilt: Übernehmen Sie ab sofort die Vermögensplanung! Entziehen Sie Ihrem Partner die Geldentscheidungen! Unterm Strich bringt Ihnen das viele zehntausend Euro zusätzlich! – Wie Sie dieses und weitere Beispiele in wenigen Sekunden künftig eigenständig nachrechnen, erfahren Sie in diesem Buch! Ich wünsche Ihnen nun viel Spaß beim Training zum richtigen Umgang mit Geld. Warten Sie als Frau nicht mehr allzu lange und übernehmen Sie in Ihrer Partnerschaft die VerANTWORTung für Geld.

„Bringt mir FQ – Finanzielle Intelligenz etwas Neues, wenn ich bereits „Rechentraining für Finanzdienstleister" gekauft und durchgearbeitet habe?"

Diese Frage wurde mir bereits oft gestellt, wenn ich in meinen Seminaren auf FQ – Finanzielle Intelligenz als Folgebuch in diesem Segment des selbstständigen Rechnens erwähnte. Ich möchte wie folgt antworten:

Das erste Buch zum Thema „Rechentraining" ist ein voller Erfolg geworden. Leser senden mir begeisterte E-Mails und berichten, wie viel Spaß es ihnen macht, selbst zu rechnen. Auch wenn dieses erste Buch in erster Linie für Finanzdienstleister gedacht war, sagen sich offenbar viele interessierte Verbraucher „Es ist bestimmt nicht schlecht, wenn ich das kann, was mein Finanzberater können müsste." Ob in Deutschland, Österreich oder der Schweiz: Die Rechen-Lawine, also die Lawine der mühelos und spielerisch rechnenden Finanzberater und Verbraucher, rollt mittlerweile unaufhaltsam weiter. Weit über 15.000 Finanzberater haben das Seminar zum Buch besucht. Weit über 2.000 Verbraucher haben mittlerweile in Seminaren eine neue und bislang unbekannte Form von Unabhängigkeit in Geldfragen erreicht. Für alle Finanzberater und Verbraucher, die sich das Buch „Rechentraining für Finanzdienstleister" gekauft haben, gilt für das vorliegende Buch Folgendes: Die ersten rund 50 Seiten – Teil A – müssen als Einstieg für alle Newcomer gleich sein. Daher entsprechen diese Seiten weit gehend der Einführung in das „Rechentraining für Finanzdienstleister". Überblättern Sie diesen Teil A, wenn Sie als trainierter Anwender nach „Rechentraining für Finanzdienstleister" fit in der Theorie sind. In jedem Fall erwarten Sie jedoch nach diesem Teil A auch als Leser des Buches „Rechentraining für Finanzdienstleister" neue Geldgedanken, Geldstrategien und Geldberechnungen. Es erwarten Sie neue Beispiele und neue, mögliche Geldprobleme, die gelöst werden wollen. Als Leser des „Rechentraining für Finanzdienstleister" gilt also: Betrachten Sie dieses vorliegende Buch quasi als Band II der gleichen Buchreihe. Auch für dieses Buch gilt: Nur ein oder zwei gute Gedanken, die Sie wertvoll umsetzen können, und der Kauf hat sich gelohnt.

„Sind in diesem Buch FQ – Finanzielle Intelligenz alle meine Geldfragen irgendwie beantwortet?"

Nein! Das ist auch nicht Ziel dieses Buches. Ziel ist es, Ihre eigene finanzielle Intelligenz derart zu trainieren, dass Sie künftig auch andere als in diesem Buch musterhaft gebrachte Beispiele selbst berechnen können. Der Duden, das große Wörterbuch der deutschen Sprache, schreibt zum Stichwort Intelligenz Folgendes:

„lat. Intelligentia ... Fähigkeit (des Menschen), abstrakt und vernünftig zu denken und daraus zweckvolles Handeln abzuleiten ..."

Das ist alles, was mittels eines solchen besonderen Buches wie FQ Finanzielle Intelligenz erreicht werden kann. Die entscheidende Botschaft lautet: Die Beispielfälle dieses Buches trainieren Ihre Fähigkeit, künftig abstrakt und vernünftig bei Geldfragen zu denken und anschließend zweckmäßig zu handeln. Ein Buch, das alle Geldfragen mittels der jeweils rechnerischen Lösung darstellen wollte, müsste mehrere tausend Seiten umfassen. Darum geht es also nicht. Betrachten Sie dieses Buch als Training, um anschließend Ihre noch offenen, individuellen Fragen hinsichtlich des richtigen Umgangs mit Geld beantworten zu können.

Inhalt

Persönliches Vorwort	13
So urteilen Verbraucher über die Klöckner-Methode	19
Teil A – Unsere Ausgangspunkte	21
Wie gut können Bankberater rechnen?	21
Grundlagen der Finanzmathematik	25
Der Rechner zum Buch und zum Seminar	36
Übungen und Beispiele	53
Teil B – Grundwissen zu FQ Finanzieller Intelligenz	59
Zins und Zinseszins	59
Rendite und Performance	65
Teil C – Wichtige Geldstrategien	69
Sparen Sie im Überfluss	69
Barwert – der bare Wert heute	81
Berechnung von Ratenkrediten	85
Staatliche Förderung intelligent nutzen	90
Berechnung dynamischer Sparpläne	95
Teil D – Geldeinstellung & Geldpsychologie	99
Anlage von Spaßgeld	99
Der richtige Einstiegszeitpunkt	101
75 Prozent weniger sparen – 100 Prozent mehr erreichen	110
Vorsicht Falle: Verlustausgleich ist teuer	114
Wünsche und Bedürfnisse in Ihrer Finanzplanung	126

Gewinngier kontra Kontinuität _____ 128
Vorsicht Falle: Wenn mit Kapitalverdoppelung
  geworben wird _____ 131
Machen Sie aus Einmalanlagen Sparpläne _____ 136
Was alle Millionäre wissen: Investieren Sie zunächst
  in Vermögenswerte, die Einkünfte bringen _____ 140
Sparen Sie (mindestens) 10 Prozent Ihres Einkommens _____ 148
Mit 18 das erste Auto – für intelligente Sparer bereits
  mit 17,50 € im Monat _____ 151
Aktuell: Riester-Rente zum Nachrechnen _____ 164

**Teil E – Wie Sie finanzielle Intelligenz in der Praxis anwenden
und Gewinn bringend umsetzen** _____ 177
Produktvergleiche: Immer nur das Beste _____ 177
Finanzielle Intelligenz auch im Alter _____ 192

Teil F – 10 Aufgaben für Ihren FQ-Test _____ 195
Leichte Aufgaben _____ 195
Mittelschwere Aufgaben _____ 196
Anspruchsvolle Aufgaben _____ 197
Lösungen zu den Aufgaben _____ 198

Teil G – Zwei Trainingsbeispiele zur Schulung abstrakten Denkens _ 217

Häufig gestellte Fragen _____ 229

FQ Finanzielle Intelligenz und das Geheimnis der 3Z _____ 233
Dankeschön _____ 237
Stichwortverzeichnis _____ 239
Der Autor _____ 243

Persönliches Vorwort

Rund 16 Berufsjahre erlebe ich nun bereits die Welt der Finanzen. 16 Jahre voll mit den verschiedensten Eindrücken, wie Menschen mit Geld umgehen. Da gibt es die allein erziehende Mutter, die trotz geringsten Budgets es noch irgendwie schafft zu sparen. Da gibt es den gut verdienenden Akademiker, der trotz sechsstellige Einkommens vor der finanziellen Pleite steht.

> **GeldverANTWORTung**
> Meine Botschaft an Sie lautet: Übernehmen Sie finanzielle Ver-**ANTWORT**ung. Übernehmen Sie GeldverANTWORTung.

Das müssen Sie tun, wenn finanzielle Freiheit, wenn finanzielle Unabhängigkeit auf Dauer Ihr Ziel ist. Mit Geldverantwortung meine ich: Sie müssen sich um Ihre eigenen Antworten kümmern, wieso Sie das Kindergeld entweder in eine klassische Ausbildungsversicherung investieren oder doch lieber in einen herkömmlichen Fondssparplan. Die alles entscheidende Botschaft lautet: *Kümmern Sie sich um Ihre Antworten auf Ihre Geldfragen.* Dabei kann und wird es von Zeit zu Zeit immer hilfreich sein, wenn Sie zusätzlich und ergänzend zu Ihren Überlegungen mit einem entsprechenden Fachmann reden, wenn Sie beispielsweise einen Versicherungsprofi oder einen Investmentspezialisten zu Rate ziehen. Das ist wichtig. Das ist gut so! Doch Sie sollten in der Lage sein, wirkliche Finanzberater von Finanzratern unterscheiden zu können. Sie sollten in der Lage sein, grundsätzlich die Richtung Ihrer Geldentscheidungen selbst bestimmen zu können. Tja, das klingt so einfach! Wäre da nicht nur die von mir immer wieder erlebte Scheu vor Geld. Die Scheu vor dem richtigen, dem meisterhaften Umgang mit Geld. Die Scheu, sich mit Zahlen und dem Umgang mit Zahlen zu beschäftigen. Wobei spätestens dann das Rechnen dazu gehört. Wer selbst nicht mit Zins und Zinseszins umgehen kann, ist im Zweifel stets auf Gedeih und Verderb den Angaben eines Beraters ausgeliefert. Lassen Sie mich dazu Folgendes erzählen: Seit Jahren trainiere ich Privatleute wie Finanzberater im richtigen Umgang mit Geld. Gerade in Seminaren und Trainings mit Privatpersonen erlebe ich immer wieder, dass einzelne Teilnehmer offensichtlich „die" Lösung ihrer finanziellen Probleme erwarten. Oder aber „den" Aktientipp, „den" Tipp, welches den nun ultimativ die besten Top-Fonds sind. Ich darf Ihnen versichern: Sie können noch so viele Seminare besuchen, Sie können noch so viele Bücher über den richtigen Umgang mit Geld lesen, nichts wird sich tun, wenn Sie nicht handeln! Verstehen Sie! Sie müssen handeln. *Sie müssen sich selbst im Umgang mit Geld, im Umgang mit Zahlen trainieren. Immer und immer wieder!* Der von mir sehr geschätzte Trainerkollege Ulrich Herzog hat einen Lieblingsspruch. Der lautet:

Du willst, was du tust!

Dieser Satz hat eine für Geld sehr wichtige, richtige und zutreffende Bedeutung. Wer angeblich immer schon reich werden wollte, aber Monat für Monat, Jahr für Jahr über seine Verhältnisse lebt, will im Grunde genommen überhaupt nicht reich werden! Sein Handeln widerspricht seinem Wollen. Du willst, was du tust! Wer behauptet, er wolle mehr über Geld und den richtigen Umgang mit Geld wissen, aber nichts selbst aktiv dazu beitragen will, belügt sich selbst. Auch hier gilt: Sein Handeln widerspricht seinem Wollen. Er will, was er tut! Er tut eben nichts, tut nichts für seine eigene Unabhängigkeit in Fragen der Geldanlage. Also will er auch im Umgang mit Geld nicht besser werden! Das ist meine auch für Sie auf den Punkt gebrachte Botschaft: Sie wollen Reichtum, finanzielle Freiheit und Wohlstand? Dann tun Sie das, was zu diesem Weg dazu gehört. Handeln Sie so, wie es für diesen Weg richtig ist. Erst dann stimmt es wirklich, dass Sie Reichtum und finanzielle Freiheit wollen.

„Ohhh, ich hab's aber nicht so mit Zahlen!",

sagen oder denken jetzt manche Leute. Vielleicht denken Sie so. Nun gut, erlauben Sie mir eine Frage. Ich bitte Sie um eine schnelle, ehrliche und direkte Antwort.

„Wollen Sie wirklich niemals den Umgang mit Geld beherrschen?"

Sehen Sie! Die meisten von Ihnen werden nun Dinge denken oder sagen wie „Nein, so war das nicht gemeint" oder „Nein, ich will das schon ...". Sehen Sie. Die Botschaft lautet: Vergessen Sie für die Dauer dieses Buches jede Scheu vor Zahlen und Mathematik. Vergessen Sie, dass Sie jemals Schwierigkeiten im lockeren Umgang mit Zahlen hatten oder noch haben. Wer ernsthaft den richtigen Umgang mit Geld erlernen will, muss mit Zahlen umgehen können. Sonst bleiben Sie auf lange Zeit auf die Aussagen Dritter angewiesen, ohne diese Aussagen überprüfen zu können. Dabei gilt: Das richtige Hilfsmittel – dieses Buch – vorausgesetzt, macht Rechnen, macht die Kontrolle und die Entscheidung über Geld richtig Spaß. Noch eines vorab: Wenn Sie dieses Buch durchgearbeitet haben, sind Sie bereits besser ausgebildet als die Mehrzahl der umher laufenden Finanzberater. Diese sind nämlich oftmals eher Finanzrater als Finanzberater. Finanzrater, so bezeichne ich auch in meinen TV-Auftritten stets solche vermeintlichen Finanzberater, die selbst nicht mit Zahlen umgehen, die selbst nicht locker und leicht mit Zahlen rechnen können. Wer zum Kfz-Mechaniker geht, um sein Auto reparieren zu lassen, darf zu Recht davon ausgehen, dass der Mechaniker mit Autoteilen umgehen kann, dass der Mechaniker Werte messen und bewerten kann. Wer zum Zahnarzt geht, darf damit rechnen, dass er seine Instrumente zur Zahnpflege und Zahnbehandlung beherrscht, dass er schlichtweg mit Zähnen umgehen kann. Gleiches sollte auch für Finanzberater gelten. Für Sie gilt: Sie werden mit dem Wissen aus diesem Buch künftig in wenigen Sekunden erkennen, ob Sie einen Finanzberater oder einen Finanzrater vor sich sitzen haben. Für alle begeisterten Leser des Buches „Rechentraining für Finanzdienstleister" gilt nochmals, wie soeben bereits unter „Wichtiger Hinweis ..." beschrieben: Trainieren Sie auch die in diesem Buch gezeigten Rechenbeispiele. Sichern Sie sich auf diese Weise einen Wissensvorsprung, dokumentieren Sie Ihrem Gesprächspartner, dass er im wahrsten Sinne des Wortes mit Ihnen „rechnen" kann.

„Möchten Sie 50.000 € kassieren?"

Kein Problem! Wenden Sie die in diesem Buch beschriebenen Geldgesetze und Geldstrategien an. Handeln Sie! Tun Sie es! Denken Sie an den Spruch „Du willst, was du tust". Das ist es. Sie erhalten mit diesem Buch sehr wertvolles und geldwertes Know-how. Sie werden aufgrund der in diesem Buch genannten Geldgesetze und -strategien die ein oder andere Geldentscheidung künftig erheblich erfolgreicher treffen. Sie werden viele unkluge Geldentscheidungen unterlassen. Sie werden viele kluge und geldbringende Geldentscheidungen treffen. Unterm Strich werden Sie auf diese Weise Geld verdienen. Sie werden 50.000 € oder noch mehr durch kluge Geldentscheidungen kassieren können. Und noch viel wichtiger: Sie werden ein bislang unbekanntes Maß Spaß an Geld, dem richtigen Umgang mit Geld und klugen Geldentscheidungen bekommen. Nach dem Lesen dieses Buches, nach dem Bearbeiten der Aufgaben, sind Sie in der Lage, künftig unabhängig vom Rat der Finanzexperten grundsätzlich Ihre Geldentscheidungen zu fällen. Dabei gilt: Sie sollen nicht auf Geldprofis verzichten. Das wäre die falsche Botschaft. Wirkliche Geldprofis und Finanzberater gehören zu einer erfolgreichen, privaten Finanzplanung in jedem Fall dazu. Doch Sie vermeiden durch das Studium dieses Buches Hilflosigkeit. Vergleichen Sie das mit dem Kauf eines Computers: Sie haben sich intensiv mit dem Thema Computer befasst. Sie haben alle möglichen Testberichte gelesen und selbst den ein oder anderen Computer ausprobiert. Ihre Kaufentscheidung steht quasi schon. Jetzt aber konsultieren Sie zur Sicherheit noch einmal einen Experten. Der Vorteil ist: Sie verfügen über Grundlagen-Know-how, um wirklich mit dem Experten die endgültige Kaufentscheidung treffen zu können. Trainieren Sie auf gleiche Weise mit diesem vorliegenden, in seiner Konzeption insbesondere für alle Geldanleger einzigartigen Buch. Auch hier gilt: Niemand wird Ihnen – wenn Sie trainieren – mehr ein X für ein U vormachen können. Niemand wird Sie bei Geldentscheidungen mehr über den Tisch ziehen können. Kein Geldguru oder vermeintlicher Finanzexperte wird Ihnen Dinge versprechen können, die überhaupt nicht zu halten sind. Was ich Ihnen damit schenken möchte, ist eine finanzielle Unabhängigkeit der besonderen Art.

Werden Sie selbst Ihr bester Berater! Werden Sie selbst Ihre beste Beraterin! Alles, was Sie dazu brauchen, sind einige Stunden intensiver Arbeit mit diesem Buch. Trainieren Sie!

Niemand gewinnt eine Goldmedaille im Skispringen, wenn er einmal intensiv trainiert. Gewinner gewinnen, weil Sie eine besondere Fähigkeit immer wieder von Neuem trainieren. Für Sie gilt: *Wiederholen Sie die in diesem Buch beschriebenen Übungen.* Jede Wiederholung sorgt dafür, dass Ihr neues Wissen vom Ultrakurzzeit- übers Kurzzeit- ins Langzeitgedächtnis wandert. Das ist das Ziel! Die Botschaft lautet: Trainieren Sie Ihre neu erworbenen Fähigkeiten! Wiederholen Sie!

Sie haben dieses Buch in die Hand genommen, weil Sie gern finanziell intelligent entscheiden wollen. Weil Sie lernen wollen, wie man finanziell intelligent handelt. Das war bereits ein wichtiger Schritt. Nun geht es darum, aus Ihrem Wollen ein Tun zu machen. Erinnern Sie sich: „Du willst, was du tust." Ich kann Ihnen nicht ersparen, dass die ein oder andere Seite anstrengend wird. Ich will Ihnen auch nicht einige Seiten grauer Theorie ersparen. Das gehört zu einem guten Fachbuch dazu. Ich kann es Ihnen auch nicht ersparen, dass Sie aktiv mitarbeiten müssen. Diese aktive Mitarbeit ist die Voraussetzung für den Erfolg! Ersparen kann und will ich Ihnen mit diesem Buch nur eines: Falsche Geldentscheidungen in der Zukunft. Die alles entscheidende Botschaft lautet: Nehmen Sie dieses Buch und Ihren Hewlett-Packard-Taschenrechner zur Hand. Dann legen Sie los. Ich verspreche Ihnen: Sie werden verblüfft sein, wie bereits nach kurzer Zeit Ihr Spaß am richtigen Umgang mit Geld steigt. Sie werden verblüfft sein, welche Fortschritte Sie in kürzester Zeit erzielen. Ich verspreche Ihnen: Keine der folgenden Seiten wird Sie langweilen. Im Gegenteil: Sie werden den dringenden Wunsch verspüren, noch mehr rechnen zu wollen. Zu diesem Zweck empfehle ich allen, die es noch nicht besitzen sollten, das Buch *„Rechentraining für Finanzdienstleister"*. Ebenfalls im Gabler-Verlag erschienen ist es keineswegs nur für Finanzdienstleister geeignet. Auch jeder Nicht-Finanzdienstleister wird mit den rund 300 Seiten *„Rechentraining für Finanzdienstleister"* viel, viel Spaß haben. Es ist sozusagen Band I dieser Reihe für alle diejenigen, die gleich ob Verbraucher oder Finanzberater einen entscheidenden Tick besser werden wollen. Die den meisterhaften Umgang mit Geld lernen wollen. Zum Schluss noch eine Botschaft an Sie: Reichtum kann man lernen. Reich werden kann man lernen. Sie können Reich werden lernen. Der Umgang mit Geld ist ein lebenslanges Lernfach. Der richtige, der meisterhafte Umgang mit Geld ist eine Sache, die Sie von dem Tag an, an dem Sie bewusst über Geld verfügen und Geldentscheidungen treffen können, bis an Ihr Lebensende begleitet. Ein sehr, sehr kluger Mann sagte einmal sinngemäß:

„Als ich jung war, dachte ich, Geld sei das Wichtigste in diesem Leben. Heute, da ich alt geworden bin, weiß ich, Geld ist das Wichtigste."

Bevor Sie nun anfangen zu schimpfen, dass es auch noch andere, viel wichtigere Werte in diesem Leben gibt, darf ich Ihnen von mir aus zustimmen. Doch eines ist auch gewiss: Ein Leben in finanziellem Chaos, in ständigen finanziellen Schwierigkeiten ist keine besonders leichte Sache. Die Zeitungen sind voll von unschönen Beispielen davon, welche negativen Folgen Geldmangel bewirkt. Deswegen ist durchaus etwas dran zu sagen „Geld ist das Wichtigste in diesem Leben". Finanzielle Ordnung, als Folge des richtigen Umgang mit Geld, bringt sehr, sehr viel Ruhe. Und viel Geld zu besitzen ist keineswegs unsozial. Es kommt darauf an, was Sie mit Ihrem Geld machen. Sie helfen jedoch keinem armen Menschen, wenn Sie selbst arm bleiben. Im Gegenteil, dieser amerikanische Erfolgspsychologe K. Walter sagte einmal „Das Beste, was Sie für alle armen Menschen tun können, ist dafür zu sorgen, dass Sie niemals zu Ihnen gehören". Wie auch immer. Nutzen Sie dieses Buch, nutzen Sie das Buch in Verbindung mit dem speziellen Taschenrechner. Nehmen Sie ab heute Ihre Geldleben auf eine bislang unbekannte Weise in die eigene Hand! Das ist die alles entscheidende Botschaft!

Viel Erfolg! Vielen Dank!

Ihr Geldtrainer

Bernd W. Klöckner

Redaktioneller Hinweis

Verschiedentlich sehen Sie in diesem Buch ein Stopp-Zeichen :

An diesen Stellen lassen Sie stets das letzte Ergebnis im Display stehen! Lesen Sie an diesen Stellen erst weiter, wenn es in der Berechnung – also auf Grundlage der letzten Zahl im Display – weitergeht.

So urteilen Verbraucher über die Klöckner-Methode

Was auch immer Sie an Argumenten vorbringen wollen oder können, wieso Sie gar kein Typ für den richtigen Umgang mit Geld sind und wieso Sie mit Zahlen ohnehin schon immer auf dem Kriegsfuß standen, glauben Sie mir: Ich habe Ihr Argument schon einige Dutzend Male anderweitig gehört. Typische Kommentare sind:

„Ohhh, ich bin zu alt ..."
„Rechnen, nein, nein! Das war noch nie meine Stärke."
„Das hat keinen Zweck. An mir sind schon fünf Mathelehrer in zehn Schuljahren verzweifelt!"
„Ich verstehe davon zu wenig ..."

Und so weiter. So oder ähnlich klingen die Leute, wenn es plötzlich ernst wird und sie sich selbst mit dem richtigen Umgang mit Geld beschäftigen sollen. Vielleicht beruhigen Sie die folgenden Fakten:

- ☐ Der älteste, begeisterte Teilnehmer war 86 Jahre jung.
- ☐ Der jüngste, begeisterte Teilnehmer war 17 Jahre jung.

Bei meinen Trainings waren nahezu alle Berufsgruppen vertreten. Einige Beispiele: Lehrer, Beamte, Hausfrauen, Hausmänner, Psychologen, Heilpraktikerinnen, Medienfachleute u.a.m.

Was ich Ihnen damit sagen will ist: Es gibt keinen Grund zur Scheu. Oder anders ausgedrückt: Leute wie Sie waren längst schon alle einmal oder mehrfach im Rechen-Training mit dabei. Sie waren quasi schon einmal da. Alle, ausnahmslos alle haben innerhalb eines Tages gelernt, wie viel Spaß, Selbstbewusstsein und Motivation der richtige Umgang mit Geld bringt. Ohne (!!!) immer irgend jemanden fragen zu müssen. Im Folgenden einige Teilnehmerstimmen:

☐ Axel W.: *„Guten Tag, Herr Klöckner! Das Seminar war Klasse."*

☐ Raimund H.: *„Lieber Herr Klöckner, danke für den tollen Samstag; erst war mir's zu schnell, zu viel; doch in der Nacharbeitung haben Sie für einen Finanz-Outsider viele Akzente gesetzt – ich hab auf einmal Spaß am Rechnen!"*

☐ Uwe C.: *„Guten Morgen Herr Klöckner! Möglicherweise fragen Sie Ihre Mails auch am Wochenende ab. Deshalb diese spontane Reaktion auf den gestrigen Tag (denn erst jetzt um 00:35 Uhr sind wir wieder in Schwerin): Ein Dankeschön für ein weiteres Stück Souveränität und Autonomie in unserem Leben. Besonders mit den praktischen Beispielen haben Sie uns Hemmungen vor dem ‚Gespenst des Finanzmanagement' genommen."*

☐ Agnes B.: *„Ich finde es großartig, dass Sie die Menschen zur Unabhängigkeit führen und damit die Übernahme von Eigenverantwortung jedes Einzelnen unterstützen. Sie geben den Menschen ein wertvolles Werkzeug in die Hand. Weiterhin viel Erfolg in Ihrer Tätigkeit."*

☐ Dirk M. (Zuschrift an den Veranstalter): *„Leider komme ich erst heute dazu, Ihnen tief dafür zu danken, dass Sie ein Seminar mit Bernd Klöckner ermöglicht haben! Am beeindruckendsten: Er lieferte keine Rezepte, sondern machte meine Partnerin und mich fähig, selbst zu durchschauen, selbst zu entscheiden und damit selbst die Verantwortung für unsere Finanzen zu tragen. ‚Großartig!' Ich hatte schon einen Tag vorher mit einem Schnupfen zu kämpfen – durch die befeuernde, durchwärmende Art von Bernd Klöckner war die Erkältung an diesem Tag wie weggeblasen. ‚Man sieht nur das, was man kennt.' Es ist ein beglückendes Gefühl für uns, das vorher undurchdringliche Finanzdickicht als überschaubare, klare und zu begehende Landschaft zu sehen. Mit Energie und Freude bin ich zur Zeit dabei, die Anregungen in Taten umzusetzen. Durch die Tipps kann ich schlechte bzw. mittelmäßige Finanzberater sofort entlarven."*

Soweit einige Teilnehmerstimmen. Ich nenne Ihnen diese Referenzen, damit Sie noch überzeugter als zuvor sind, dass es sich lohnt Geldver-**ANTWORT**ung zu übernehmen. Dass es sich eben nicht nur lohnt, sondern darüber hinaus noch erheblichen Spaß macht.

Teil A
Unsere Ausgangspunkte

Wie gut können Bankberater rechnen?

Vorab eine kleine Geschichte:

Treffen sich ein Jurist, ein Ingenieur und ein Finanzberater. Es wird die Frage gestellt, wie viel 12 multipliziert mit 20 ergibt. Der Jurist antwortet „Unter Abwägen aller Tatsachen und ohne Anerkennung einer Rechtspflicht nenne ich als Vergleichvorschlag den Betrag von 240." Der Ingenieur meint „Unter Hinzuziehen aller – auch unbekannten – Variablen und Berücksichtigung aller denkbaren möglichen Einflüsse sage ich 240." Darauf antwortet der Finanzberater „Wissen Sie, sagen Sie mir doch einfach, was in etwa rauskommen soll, dann biege ich das schon hin."

Diese Geschichte des ratenden Finanzberaters, der mal so, mal so rechnet und eigentlich nicht so recht Ahnung davon hat, wie er mit diesen Zahlen umgehen soll, wiederholte sich abgewandelt in der Praxis vor einiger Zeit.

Tatzeit: Juli 1998. Eine Verbraucherzeitschrift veröffentlicht unter meiner redaktionellen Leitung Testergebnisse eines Beratungstest. Tatort: Durchgeführt wurde der Test bei acht großen deutschen Banken beziehungsweise Sparkassen. Jeweils in fünf Städten wurden Berater der Filialen getestet. Tathergang: Es ging um Fragen zu den Themen Inflation, Kaufkraft, Berechnung von Sparraten und Zins von Sparplänen. Auf dem Prüfstand: Das Rechentalent der Banken. Drei Vorgaben waren Gewähr dafür, dass es bei diesem Bankentest in höchstem Maße fair zuging:

1. *Jedes Hilfsmittel zur Lösung der Rechenaufgaben war zugelassen.*
2. *Es gab keinerlei Zeitvorgaben.*
3. *Jederzeit konnten Kollegen oder Vorgesetzte zur Beantwortung hinzugezogen werden.*

Im Folgenden möchte ich Ihnen einige der Fragen nennen. Versuchen Sie, die Fragen möglichst kurzfristig zu beantworten. Testen Sie sich einfach einmal selbst, dann lesen Sie, was die Banken so alles rechnen konnten (oder auch nicht), und zum Schluss erfahren Sie, welche Eindrücke die Tester der Zeitschrift von der Beratungsqualität der Banken gewonnen haben.

Musteraufgaben

Aufgabe 1 – Sparplan

Wie hoch ist die Sparrate, um in 20 Jahren 540.000 Mark zu haben? Annahme: Zins pro Jahr 7 Prozent.

Auswertung: 3 korrekte Antworten von 40 Filialen

Aufgabe 2 – Unterbrechung eines Sparplans

Jemand möchte 540.000 Mark in 20 Jahren bei 7 Prozent angenommenem Zins pro Jahr mit der Lösung aus Aufgabe 1 sparen (bei den 37 Filialen, in denen die Berater keine Antwort wussten, wurde die Lösung aus Frage 1 vorgegeben). Aus persönlichen Gründen weist er jedoch darauf hin, dass er vom fünften bis zum zehnten Jahr mit dem Sparen aussetzen will. Dann spart er weiter vom zehnten bis zum 20. Jahr. Wie hoch ist jetzt die notwendige Sparrate in den letzten zehn Jahren, um das Ziel von 540.000 Mark zu erreichen?

Auswertung: 0 korrekte Antworten von 40 Filialen

Aufgabe 3 – Bonussparplan & Effektivzins

In Kopie wurde das Original eines Bonussparvertrages vorgelegt. 500 Mark monatliche Sparrate ergaben laut diesem Sparvorschlag über 25 Jahre inklusive des einmaligen Bonus zum Ende 267.310 Mark. Gefragt war nach dem effektiven Zins des gesamten Bonussparplanes.

Auswertung: 1 korrekte Antwort von 40 Filialen

Urteil der Tester:

Andrea M.: *„Nach den ersten Bankbesuchen war ich regelrecht schockiert. Statt unsere Fragen zu beantworten, herrschte oft große Hilflosigkeit. Auch wenn wir in Ruhe nachfragten und selbst dann, wenn in der Bank Kollegen zu Hilfe gerufen wurden, zeigten sich viele Lücken. Schlimm ist, wenn Berater stur an ihrem PC-Rechenprogramm festhalten, auch wenn dies keinen Sinn macht. Eine Super-Leistung zeigte der Hypo-Banker in Berlin. In weniger als einer Stunde nannte er fast zu allen Fragen kompetent, freundlich und zuvorkommend die Antworten."*

Carmen M.: *„Mein persönlicher Eindruck: Nur die wenigsten Berater können individuell auf die einfachen Bedürfnisse und Fragen einer interessierten Kundin eingehen. Sobald eine Frage nicht mehr zu der festen Abfragereihenfolge bankinterner, finanzmathematischer PC-Programme passt, haben viele Berater ein großes Problem und finden keine Antwort mehr. Schlimm fand ich persönlich einen Fall, wo die mangelnde Leistung darauf geschoben wurde, dass die Beraterin soeben erst aus dem Urlaub zurückgekehrt und der PC noch nicht geladen sei."*

Christoph G.: *„Für mich als gelernter Bankkaufmann mit Berufserfahrung waren die erschreckenden Ergebnisse keine Überraschung. So werden zum Beispiel im Rahmen der Bankausbildung finanzmathematische Kenntnisse nur in geringem Umfang vermittelt. Erschreckend waren die Testergebnisse für mich insbesondere deshalb, weil unsere Fragen durchaus übliche Fragen eines interessierten Kunden waren und den Beratern wirklich Zeit gegeben wurde. Mein Fazit: Es fehlte an einfachem Fachwissen, und es mangelt an Sicherheit."*

Das klare Urteil des gesamten Beratungstest in Sachen Rechenkünste der Finanzdienstleister: Rechnen mangelhaft! Verstehen Sie? Die Mehrzahl der Finanzberater rechnet mangelhaft. Diese Leute wollen Sie in Sache Geld und im richtigen Umgang mit Geld, mit Zahlen beraten, können jedoch nicht selbst spielerisch rechnen. Es ist ein blamables Ergebnis für den Berufsstand der Finanzberater. Ohne Wenn und Aber war das Ergebnis die Note in 30 Prozent aller Filialen mangelhaft. Über 60 Prozent schnitten gerade einmal mit der Gesamtnote ausreichend ab, wobei in diesen Fällen die vereinzelten Wissensfragen die erheblichen Lücken bei den Rechenkenntnissen zum Teil ausglichen.

Die Botschaft für Sie lautet: Erlernen Sie selbst mittels des vorliegenden Buches spielerisch und praxisorientiert Rechen-Know-how. Praxisorientierte Finanzmathematik. Verlassen Sie sich nicht auf Ihren Berater, gleich welchen viel versprechenden Titel er auf seiner Visitenkarte auch vorzuweisen hat. Trotz der mannigfaltigen Ausbildungswege für Finanzberater mit nach erfolgreicher Prüfung verliehenen Titeln wie

- *Vermögensberater*
- *Geprüfter Vermögensberater*
- *Fachberater für Finanzdienstleistungen*
- *Fachwirt für Finanzberatung*
- *Master of Financial Consulting*
- *Certified Financial Planner*
- *Master of Business Administration*
- *Finanzökonom*
- *u.a.m.*

erlebe ich immer wieder, wie einzelne Absolventen dieser Studiengänge Probleme beim spielerischen Umgang mit Zahlen haben. Da gibt es Certified Financial Planner, die trotz teurer Ausbildung bei ein wenig verdreht gestellten Fragen zum Thema Zins und Zinseszins aussteigen. Daher nochmals: Im Umgang mit Geld haben Sie die Pflicht, Ihren Beratern auf den Zahn zu fühlen. Als Berater haben Sie die Pflicht, spielerisch und locker mit Zahlen rechnen zu können. Sonst dürfen Sie andere Menschen in Sachen Umgang mit Geld und mit Zahlen nicht beraten.

Grundlagen der Finanzmathematik

> *Wichtiger Hinweis*
>
> *Auf den folgenden Seiten sehen Sie einige finanzmathematische Formeln. Womöglich haben Sie diese Formeln bereits beim Durchblättern bemerkt. Die entscheidende Botschaft lautet:* **Bewahren Sie die Ruhe! Sie brauchen keine einzige Formel!** *Diese Formeln dienen der Vollständigkeit. Für alle diejenigen unter Ihnen, die es ganz genau wissen wollen! Nicht mehr! Nicht weniger!*

Grundlage der Finanzmathematik ist die Berechnung von Zins und Zinseszins. Von einer Verzinsung spricht man, wenn zu einem Kapital nach bestimmten Fristen ein festgelegter Anteil des Kapitals (Zins) gewissermaßen als Lohn, als Preis für die Überlassung des Geldes, hinzugerechnet wird. In der Praxis ist dieses Vorgehen von jeder Form der Geldanlage oder Darlehen bekannt.

Auf den folgenden Seiten werden die Formeln vorgestellt, die den unterschiedlichen Zinsberechnungen zugrunde liegen. Nochmals: Betrachten Sie diese Zusammenstellung als einen theoretischen Einstieg, der nur der Vollständigkeit des in diesem Buch vermittelten Know-hows dient. Nicht mehr. Nicht weniger! Sie brauchen keine einzige Formel im Laufe der späteren, ausschließlich praktisch durchzuführenden Übungen.

Die Kenntnis der Formeln ist wichtig für das Verständnis der Komplexität des Themas Finanzmathematik. Einzelne Formeln wie die zur Berechnung des Endkapitals bei einer Einmalanlage sind dabei durchaus nachvollziehbar. Ja, ich empfehle Ihnen sogar, die ein oder andere Aufgabe einmal mit Formel und mit Taschenrechner gleichzeitig zu rechnen.

Die Berechnung von Sparvorgängen

☐ Einmalige Einzahlung eines Kapitalbetrags

Ein zu Jahresbeginn eingezahlter Betrag soll jährlich mit einem festen Zinssatz verzinst werden. Die zum Jahresende gutgeschriebenen Zinsen werden mit dem Kapital weiter verzinst.

Das Endkapital nach n Jahren ergibt sich nach der folgenden Formel:

$$K_n = K_0 \cdot \left(1 + \frac{p}{100}\right)^n$$

K_n = Endkapital nach n Jahren
K_0 = Anfangskapital
p = jährliche Verzinsung mit p %
n = Verzinsungsdauer in Jahren

Sind alle Variablen der Formel mit einer Ausnahme bekannt, lässt sich die Unbekannte durch Umstellung der Formel ermitteln.

 BEISPIELE

1. Ein Kapital von 1.000 € soll für fünf Jahre zu einem Zinssatz von 5 Prozent p. a. angelegt werden. Wie hoch ist das Endkapital?

$$K_n = 5.000 \cdot \left(1 + \frac{5}{100}\right)^5$$

K_n = 6.381,41 €

2. Ein Sparer möchte in zehn Jahren über ein Vermögen von 20.000 € verfügen. Dazu möchte er heute eine einmalige Anlage zu einem Zins von 4 Prozent p. a. tätigen. Welches Kapital muss er heute investieren?

$$10.000 = K_0 \cdot \left(1 + \frac{4}{100}\right)^{10}$$

$$K_0 = \frac{10.000}{\left(1 + \frac{4}{100}\right)^{10}} \qquad K_0 = 6.755,64 \text{ €}$$

3. Der Sparer aus Beispiel 2 verfügt heute nur über ein Kapital von 5.000 €. Welchen Zins muss er realisieren, um trotzdem nach zehn Jahren über ein Vermögen von 10000 € verfügen zu können?

$$p = 100 \cdot \left[\left(\frac{K_n}{K_0}\right)^{\frac{1}{n}} - 1\right]$$

$$p = 100 \cdot \left[\left(\frac{10.000}{5.000}\right)^{\frac{1}{10}} - 1\right] \qquad p = 7{,}18 \text{ Prozent}$$

☐ Fortlaufende Einzahlung eines gleich bleibenden Kapitalbetrags

In der Praxis werden viele Anlagen nicht einmalig getätigt, sondern es findet ein gleichbleibender, regelmäßiger Zahlungsfluss statt. Sie haben hier grundsätzlich die Möglichkeit, für jede Sparzahlung separat das Anlageergebnis zu ermitteln und anschließend alle Einzelergebnisse zu addieren, doch es geht auch einfacher, indem alle Zahlungen in einer einzigen Formel zusammengefasst werden.

Endkapital einer fortlaufenden Zahlungsreihe bei Einzahlung zum Periodenbeginn:

$$K_n = E \cdot \left(1 + \frac{p}{100}\right) \cdot \frac{\left(1 + \frac{p}{100}\right)^n - 1}{\left(1 + \frac{p}{100}\right) - 1}$$

K_n = Endkapital nach n Jahren
E = regelmäßige Einzahlung
p = jährliche Verzinsung mit p %
n = Einzahlungsdauer

Wird die erste Einzahlung zum Ende der Zinsperiode geleistet, sieht die Formel wie folgt aus:

$$K_n = E \cdot \frac{\left(1 + \frac{p}{100}\right)^n - 1}{\left(1 + \frac{p}{100}\right) - 1}$$

❓ BEISPIELE

1. Ein Sparer zahlt jährlich zum Jahresende einen Betrag von 500 € in einen Sparvertrag ein. Die Verzinsung beträgt 3,5 Prozent. Wie hoch ist der Kontostand nach dem zwölften Jahr?

$$K_n = 500 \cdot \frac{\left(1 + \frac{3,5}{100}\right)^{12} - 1}{\left(1 + \frac{3,5}{100}\right) - 1} \qquad K_n = 7.300{,}98 \text{ €}$$

2. Welchen Betrag muss der Sparer einzahlen, wenn er nach zwölf Jahren über ein Kapital von 10.000 € verfügen will?

$$E = K_n \cdot \frac{\left(1 + \frac{p}{100}\right) - 1}{\left(1 + \frac{p}{100}\right)^n - 1}$$

$$E = 10.000 \cdot \frac{\left(1 + \frac{3,5}{100}\right) - 1}{\left(1 + \frac{3,5}{100}\right)^{12} - 1} \qquad E = 684{,}84 \text{ €}$$

3. Wie lange muss der Anleger sparen, um mit einer jährlichen Sparrate von 660 € ein Vermögen von 10.000 € anzusparen?

$$n = \frac{\lg\left(1 + \frac{\left(1 + \frac{p}{100}\right) - 1}{E} \cdot K_n\right)}{\lg q}$$

$$n = \frac{\lg\left(1 + \frac{\left(1 + \frac{3,5}{100}\right) - 1}{660} \cdot 10.000\right)}{\lg 1{,}035} \qquad n = 12{,}37$$

Teil A:

4. Welches Endkapital erreicht ein Sparer, der über 25 Jahre jährlich einen Betrag von 600 € in eine Anlage mit einer Verzinsung von 6 Prozent p.a. einzahlt, wenn zu Beginn der Sparzeit zusätzlich ein Betrag von einmalig 10.000 € angelegt wird?

$$K_n = K_0 \cdot \left(1 + \frac{p}{100}\right)^n + E \cdot \frac{\left(1 + \frac{p}{100}\right)^n - 1}{\left(1 + \frac{p}{100}\right) - 1}$$

K_n = Endkapital nach n Jahren
K_0 = Anfangskapital
E = regelmäßige Einzahlung
p = jährliche Verzinsung mit p %
n = Einzahlungsdauer

$$K_n = 10.000 \cdot \left(1 + \frac{6}{100}\right)^{25} + 600 \cdot \frac{\left(1 + \frac{6}{100}\right)^{25} - 1}{\left(1 + \frac{6}{100}\right) - 1} \qquad K_n = 75.837{,}41 \text{ €}$$

An dieser Stelle möchten wir Ihnen die Umformungen der Gleichung nach Rate, Anfangskapital und Zinssatz ersparen. Wer möchte, kann sich selbstverständlich gern daran versuchen.

☐ Unterjährige Einzahlung eines gleichbleibenden Kapitalbetrags

Viele Geschäfte sehen nicht nur Zahlungen zum Ende eines Jahres vor, sondern auch laufende Zahlungen während eines Jahres. So werden zum Beispiel viele Sparpläne monatlich bespart. Für diesen Fall muss die Berechnungsformel so angepasst werden, dass eine monatliche Verrechnung der Einzahlungen erfolgt.

Bei einer unterjährig nachschüssigen Einzahlung von Sparraten in einen Sparvertrag ermittelt sich das Endvermögen nach n Jahren nach der folgenden Formel:

$$K_n = K_0 \cdot \left(1 + \frac{p}{100 \cdot m}\right)^{n \cdot m} + E \cdot \frac{\left(1 + \frac{p}{100 \cdot m}\right)^{n \cdot m} - 1}{\left(1 + \frac{p}{100 \cdot m}\right) - 1}$$

Kn = Endkapital nach n Jahren
K_0 = Anfangskapital
E = regelmäßige Einzahlung
p = jährliche Verzinsung mit p %
n = Einzahlungsdauer
m = Anzahl der Zahlungsperioden pro Jahr

Anhand dieser Formel lassen sich alle nachschüssigen Sparvorgänge berechnen.

BEISPIELE

1. Ein Anleger möchte einmalig einen Betrag von 20.000 € anlegen. In den folgenden zwanzig Jahren investiert er monatlich einen Betrag von 200 €. Wie hoch ist das Endvermögen, wenn er einen Zins von 7 Prozent mit dieser Anlage erzielt?

$$K_n = 20.000 \cdot \left(1 + \frac{7}{100 \cdot 12}\right)^{20 \cdot 12} + 200 \cdot \frac{\left(1 + \frac{7}{100 \cdot 12}\right)^{20 \cdot 12} - 1}{\left(1 + \frac{7}{100 \cdot 12}\right) - 1}$$

K_n = 184.960,11 €

2. Welchen Betrag muss der Anleger monatlich investieren, wenn er ein Endvermögen von 250.000 € erreichen will?

Durch Gleichungsumstellungen ergibt sich aus

$$K_n = K_0 \cdot \left(1 + \frac{p}{100 \cdot m}\right)^{n \cdot m} + E \cdot \frac{\left(1 + \frac{p}{100 \cdot m}\right)^{n \cdot m} - 1}{\left(1 + \frac{p}{100 \cdot m}\right) - 1}$$

Die folgende Formel für die Berechnung der notwendigen Sparrate:

$$E = \left(K_n - \left(K_0 \cdot \left(1 + \frac{p}{100 \cdot m}\right)^{n \cdot m}\right)\right) \cdot \frac{\left(1 + \frac{p}{100 \cdot m}\right) - 1}{\left(1 + \frac{p}{100 \cdot m}\right)^{n \cdot m} - 1}$$

Damit ist die Sparrate

$$E = \left(250.000 - \left(20.000 \cdot \left(1 + \frac{7}{100 \cdot 12}\right)^{20 \cdot 12}\right)\right) \cdot \frac{\left(1 + \frac{7}{100 \cdot 12}\right) - 1}{\left(1 + \frac{7}{100 \cdot 12}\right)^{20 \cdot 12} - 1}$$

E = 324,85 €

Berechnung von Darlehen

Für die Berechnung von Darlehen benötigen wir eine etwas abgewandelte Zinseszinsformel. Bei der Vergabe eines Darlehens wird zu Beginn ein Betrag S an den Darlehensnehmer ausgezahlt. Dieser Betrag wird anschließend in gleichen Raten (Annuitätendarlehen) an den Darlehensgeber zurückgeführt.

Dieser Vorgang lässt sich für Darlehen mit jährlicher Zins- und Tilgungsleistung in der folgenden Gleichung beschreiben:

$$S_0 \cdot \left(1 + \frac{p}{100}\right)^n = S_n + A \cdot \frac{\left(1 + \frac{p}{100}\right)^n - 1}{\left(1 + \frac{p}{100}\right) - 1}$$

S_0 = ursprünglicher Darlehensbetrag (Bruttodarlehen)
P = Nominalzins des Darlehens
A = Annuität
n = Darlehenslaufzeit
S_n = Restschuld des Darlehens nach einer Laufzeit von n Jahren

Zur Berechnung von Darlehen, die unterjährig bedient werden, muss die Formel noch einmal leicht abgewandelt werden. Sie lautet dann wie folgt:

$$S_0 \cdot \left(1 + \frac{p}{100 \cdot m}\right)^{n \cdot m} = S_n + A \cdot \frac{\left(1 + \frac{p}{100 \cdot m}\right)^{n \cdot m} - 1}{\left(1 + \frac{p}{100 \cdot m}\right) - 1}$$

S_0 = ursprünglicher Darlehensbetra
S_0 = ursprünglicher Darlehensbetrag (Bruttodarlehen)
P = Nominalzins des Darlehens
A = Annuität
n = Darlehenslaufzeit
m = Häufigkeit der unterjährigen Zahlungen
S_n = Restschuld des Darlehens nach einer Laufzeit von n Jahren

Aus dieser Formel lassen sich wiederum die Gleichungen für die Restschuld und alle anderen Größen entwickeln. Die Restschuld eines Darlehens nach zum Zeitpunkt n ergibt sich demnach nach der Formel:

$$S_n = S_0 \cdot \left(1 + \frac{p}{100 \cdot m}\right)^{n \cdot m} - A \cdot \frac{\left(1 + \frac{p}{100 \cdot m}\right)^{n \cdot m} - 1}{\left(1 + \frac{p}{100 \cdot m}\right) - 1}$$

BEISPIELE

1. Ein Darlehen von 50.000 € wurde zu einem nominalen Zinssatz von 6 Prozent vergeben. Der Darlehensnehmer zahlt monatlich 1.000 € an den Darlehensgeber zurück. Wie hoch ist die Restschuld nach zwei Jahren?

$$S_n = 50.000 \cdot \left(1 + \frac{6}{100 \cdot 12}\right)^{2 \cdot 12} - 1.000 \cdot \frac{\left(1 + \frac{6}{100 \cdot 12}\right)^{2 \cdot 12} - 1}{\left(1 + \frac{6}{100 \cdot 12}\right) - 1}$$

S_n = 30.926,03 €

2. Wie lange dauert es, bis der Darlehensnehmer bei gleich bleibender monatlicher Darlehensrate schuldenfrei ist?

$$n = \frac{-\lg\left(1 - \frac{\left(\left(1 + \frac{p}{100 \cdot m}\right)^m - 1\right) \cdot S_0}{A}\right)}{\lg\left(1 + \frac{p}{100 \cdot m}\right)^m}$$

$$n = \frac{-\lg\left(1 - \frac{\left(\left(1 + \frac{6}{100 \cdot 12}\right)^{12} - 1\right) \cdot 50.000}{1.000}\right)}{\lg\left(1 + \frac{6}{100 \cdot 12}\right)^{12}}$$

n = 57,68 Monate

Die Tilgung des Darlehens dauert 57,68 Monate oder 4,81 Jahre.

3. Bei welcher monatlichen Rate ist der Darlehensnehmer bereits nach 3 Jahren schuldenfrei?

$$A = \left[S_0 \cdot \left(1 + \frac{p}{100 \cdot m}\right)^{n \cdot m} - S_n\right] \cdot \frac{\left(1 + \frac{p}{100 \cdot m}\right) - 1}{\left(1 + \frac{p}{100 \cdot m}\right)^{n \cdot m} - 1}$$

$$A = \left[50.000 \cdot \left(1 + \frac{6}{100 \cdot 12}\right)^{3 \cdot 12} - 0\right] \cdot \frac{\left(1 + \frac{6}{100 \cdot 12}\right) - 1}{\left(1 + \frac{6}{100 \cdot 12}\right)^{3 \cdot 12} - 1}$$

A = 1.521,10 €

Unsere Ausgangspunkte

Auf den vorangegangenen Seiten haben Sie die wichtigsten Abwandlungen und Umformungen der Zinsesformeln für Sparpläne und Darlehen kennen gelernt. Beherrschen Sie den alltäglichen Umgang mit diesen Formeln, können Sie getrost auf die Anwendung anderer Hilfsmittel verzichten.

Das jedoch ist Theorie! Niemand wird jemals Spaß daran haben, im Rahmen der privaten Altersvorsorge stundenlang über irgendwelchen Formeln zu brüten. Es ist zwar ohne weiteres möglich, alle Berechnungen, die ich Ihnen in diesem Buch vorstelle, manuell mit diesen Formeln zu lösen, aber wer will schon einen Sparplan nach dem anderen, eine Geldfrage nach der anderen auflösen, indem er mühevoll über Stunden die entsprechenden Formeln anwendet? Daher erfahren Sie auf den nächsten Seiten, wie Sie ein für allemal ohne das Auflösen von Formeln bequem fast jede ihrer Geldfragen beantworten können.

Angenommen, Sie wollen in den nächsten 20 Jahren monatlich am Monatsende einen Betrag von 200 € in einen Sparplan einzahlen, der jährlich mit 5 Prozent verzinst wird. Zusätzlich zahlen Sie zu Beginn einen Betrag von 15.000 € als Einmalanlage ein. Über welches Vermögen verfügen Sie nach 20 Jahren? Rechnen Sie einmal mit den oben vorgestellten Formeln. Haben Sie die richtige Formel gefunden?

$$K_n = K_0 \cdot \left(1 + \frac{p}{100 \cdot m}\right)^{n \cdot m} + E \cdot \frac{\left(1 + \frac{p}{100 \cdot m}\right)^{n \cdot m} - 1}{\left(1 + \frac{p}{100 \cdot m}\right) - 1}$$

$$K_{20} = 15.000 \cdot \left(1 + \frac{5}{100 \cdot 12}\right)^{20 \cdot 12} + 200 \cdot \frac{\left(1 + \frac{5}{100 \cdot 12}\right)^{20 \cdot 12} - 1}{\left(1 + \frac{5}{100 \cdot 12}\right) - 1}$$

$$K_{20} = 15.000 \cdot (1{,}004167)^{240} + 200 \cdot \frac{(1{,}004167)^{240} - 1}{1{,}004167 - 1}$$

$$K_{20} = 15.000 \cdot 2{,}71264 + 200 \cdot \frac{2{,}71264 - 1}{0{,}004167}$$

$$K_{20} = 4.068 + 200 \cdot \frac{1{,}71264}{0{,}004167}$$

$$K_{20} = 40.689{,}6 + 200 \cdot 411{,}03$$

$$K_{20} = 40.689{,}6 + 82.206{,}7 = 122.896{,}3 \text{ €}$$

Wie lange haben Sie gebraucht, die Formel zu lösen? Selbst ein routinierter Rechner wird nicht unter ein bis zwei Minuten benötigen, das Ergebnis zu ermitteln. Wenn er überhaupt die entsprechende Formel findet beziehungsweise aus dem Gedächtnis mühelos zusammen bekommt. Noch länger dauert es, wenn anstelle des einfach zu ermittelnden Endvermögens eine andere Größe wie zum Beispiel die Laufzeit einer Anlage ermittelt werden soll.

Wie lange dauert die gleiche Berechnung mit dem Finanztaschenrechner HP 10 B II? In der Folge finden Sie die notwendigen Eingabeschritte.

Eingabe	Display	Erklärung
12 PMT/P/YR	12,00	12 Zahlungen jährlich werden durch den Sparer eingezahlt.
Eingabereihenfolge: 12 – gelbe Taste – Taste „PMT"		
20 N x P/YR	240,00	Der Sparer zahlt 20 Jahre lang, also 240 Monate.
Eingabereihenfolge: 20 – gelbe Taste – Taste „N"		
5 I/YR NOM%	5,00	Der Anlagezins beträgt 5 %.
15000 +/- E PV EFF%	– 15.000,00	Der Sparer leistet zu Beginn der Vertragslaufzeit eine einmalige Zahlung von 15.000 €.
200 +/- E PMT P/YR	– 200,00	Der Sparer zahlt monatlich einen Betrag von 200 €. Dieser Betrag fließt beim Sparer ab, daher wird der Wert mit negativem Vorzeichen eingegeben.
Drücken Sie „FV": FV AMORT	122.896,34	**Ergebnis:** Der Sparer erhält am Ende der Vertragslaufzeit einen Betrag von 122.896,34 €.

Für diese Eingaben benötigen Sie mit etwas Übung weniger als 30 Sekunden. Mit der gleichen Geschwindigkeit können Sie jede andere gesuchte Größe des Zahlungsstroms ermitteln.

Der Rechner zum Buch und zum Seminar

Warum HP 10 B / 10 B II?

Ich möchte Ihnen mit wenigen Worten erklären, wieso in diesem Buch der Hewlett Packard 10 B II im Vordergrund steht. Denn: Immer wieder sitzen Teilnehmer in meinen Seminaren, die danach fragen, ob nicht auch andere Rechner in Frage kämen. Meine Antwort: Die Eingaberoutine des Hewlett Packard ist in Sachen Einfachheit und Schnelligkeit nicht zu schlagen. Noch eine Erklärung: Der Rechner 10 B wurde im Jahr 2000 als im Design verändertes Modell herausgebracht. Seitdem lautet die Bezeichnung 10 B II. Von der Funktionsweise sind die ältere Variante und die neue Variante gleich.

Weitere Hewlett-Packard-Modelle

Neben dem in diesem Buch beschriebenen preiswerten Modell 10 B II bietet Hewlett Packard noch einige leistungsstärkere aber auch teurere finanzmathematische Taschenrechner an.

Das nächst größere Modell, der Typ 12 C, unterscheidet sich vor allem in zwei wesentlichen Punkten vom Modell 10 B. Der Rechner kann selbst programmiert werden und verwendet als Eingabeverfahren die so genannte umgekehrt polnische Notation. Die Programmierung finanzmathematischer Problemstellungen ist jedoch nur in Ausnahmefällen zu empfehlen, da sie sich ansonsten der Gefahr aussetzen, durch einen kleinen Programmierfehler ein falsches Ergebnis zu erhalten. Darüber hinaus lassen sich die meisten Problemstellungen ohne individuelle Programmierungen lösen. Zusätzlich ist die umgekehrt polnische Notation bei der Eingabe von Berechnungen nicht Jedermanns Sache. Benutzer, die sich an dieses Eingabeverfahren einmal gewöhnt haben, schwören darauf. Für den Umsteiger ist es jedoch mit einem gewissen Aufwand verbunden, sich in diese ungewohnte Ausdrucksform einzudenken.

Die beiden größten Modelle 17 B und 19 B unterscheiden sich, was den finanzmathematischen Funktionsumfang angeht, nur wenig voneinander. Das Modell 19 B bietet lediglich einige zusätzliche Komfortfunktionen wie einen Terminplaner und Ähnliches. Bei beiden Modellen kann durch individuelle Programmierung fast jedes mathematische Problem gelöst werden, was aber im Bereich der Finanzmathematik wie bereits erwähnt nur selten oder bedingt – bei entsprechender Sicherheit – zu empfehlen ist. Beide Modelle verfügen über die Möglichkeit, die Ergebnisse von Berechnungen über einen optionalen Drucker auszugeben. Der unserer Ansicht nach größte Vorteil der Modelle 17 B und 19 B liegt in der Form der Datenanzeige. Im Display werden die bereits erfassten Werte einer Berechnung übersichtlich angezeigt, während weitere Daten erfasst werden. Trotz diesem zusätzlichen Komfort ist die Menüführung beider Modelle etwas unübersichtlicher geraten als beim einfacheren 10 B. Aufgrund der Vielfalt an Möglichkeiten muss der Nutzer bei einigen Berechnungen zwischen verschiedenen Menüpunkten mehrmals wechseln, was den Ablauf und die Übersicht stört. Nutzer, die diese Nachteile nicht stören, erhalten mit den beiden Modellen 17 B und 19 B ein Berechnungswerkzeug an die Hand, mit dem – entsprechende Übung vorausgesetzt – kaum eine finanzmathematische Frage unbeantwortet bleibt. Meiner Ansicht nach wird der zusätzliche Funktionsumfang in der täglichen Praxis zu selten benötigt, als dass sich der enorme Mehrpreis gegenüber dem Modell 10 B rechtfertigt.

Rechnerbeschreibung

Der HP 10 B II bietet die Möglichkeit, einfache Zahlungsströme leicht zu erfassen und zu berechnen. Alle in diesem Buch beschriebenen Berechnungen werden mit der TVM (Time Value of Money)-Funktion des Taschenrechners durchgeführt. Diese Funktion kann für alle Zahlungsströme verwendet werden, deren laufende Zahlungen regelmäßig und in gleicher Höhe anfallen.

In dieser Form lassen sich sehr viele Finanzprodukte darstellen. Gelingt es einmal nicht, ein Geschäft in einem derartigen Zahlungsstrom abzubilden, kann das Produkt in den meisten Fällen durch die Aufteilung der Zahlungen in mehrere Zahlungsströme, die den genannten Anforderungen entsprechen, dargestellt werden.

Der HP 10 B II bietet mit der Möglichkeit zur Cash-Flow-Berechnung noch eine weitere Funktion, mit der auch Zahlungsströme, bei denen unterschiedliche Zahlungen anfallen, in einem Rechenschritt erfasst werden können. Diese Funktion ist jedoch in der Bedienung weit weniger komfortabel als die in diesem Buch angewandte und beschriebene TVM-Funktion. Obwohl diese Funktion in einige Fällen mehrere Rechenschritte verlangt, ist sie in der Handhabung auch im Gespräch einfacher und oft schneller als die Cash-Flow-Funktion. Zu dieser Funktion und vielen anderen Möglichkeiten des Rechners finden Sie umfangreiche Erläuterungen im mitgelieferten Handbuch.

Die alles entscheidende Botschaft, der erste Schritt, lautet: Notieren Sie den Zahlungsstrom! Machen Sie Sich den Zahlungsstrom klar!

Wie bereits oben geschildert, lassen sich alle Finanzgeschäfte in Form eines Zahlungsstroms darstellen.

Ein Zahlungsstrom erfasst alle Geldflüsse, die während eines Geschäftes auftreten. Zahlungen können Ihnen dabei entweder abfließen (wenn Sie zum Beispiel monatlich einen Betrag x sparen) oder zufließen (wenn Sie am Ende einer Sparplanlaufzeit eine Gutschrift bekommen). Zusätzlich zu den Zahlungsflüssen wird ein solcher Zahlungsstrom oder Cash Flow durch eine Laufzeit, die Häufigkeit der Zahlungen und einen Zinssatz definiert. Neben den laufenden Zahlungen eines Zahlungsstroms kann der HP 10 B noch je eine Zahlung zu Beginn und am Ende eines Zahlungsstroms berücksichtigen.

Ein Zahlungsstrom besteht also aus:

1. der Häufigkeit der jährlichen Zahlungen,
2. der Dauer des Zahlungsstroms,
3. einem Zinssatz/einer Rendite, mit der die Zahlungen verzinst werden,
4. einer Zahlung zu Beginn eines Zahlungsstroms
5. regelmäßigen Zahlungen während der Dauer des Zahlungsstroms
6. einer Zahlung am Ende des Zahlungsstroms

Möchten Sie Berechnungen zu einem Finanzprodukt anstellen, müssen Sie sich zunächst vergegenwärtigen, wie der Zahlungsstrom des Produkts aussieht. Dies ist am leichtesten, wenn Sie den Zahlungsstrom zunächst einmal grafisch darstellen.

BEISPIEL

Das Diagramm zeigt den Zahlungsstrom einer Kapitalanlage, bei der ein Anleger zu Beginn eine Einmalanlage leistet und in der Folge regelmäßige Sparzahlungen tätigt. Am Ende der Anlagelaufzeit erhält er das Ergebnis seiner Kapitalanlage in einer Summe zurückgezahlt. Zusammen mit der Angabe der Laufzeit und der Verzinsung ist die Anlage in dieser Form vollständig beschrieben. Finanzmathematisch lässt sich ein solcher Zahlungsstrom durch eine Zinseszins-Formel beschreiben.

Die hier genannten Informationen müssen bei der Berechnung von Zahlungsströmen bekannt sein. Kennen Sie alle Informationen mit Ausnahme einer Angabe, können Sie die fehlende Angabe ermitteln.

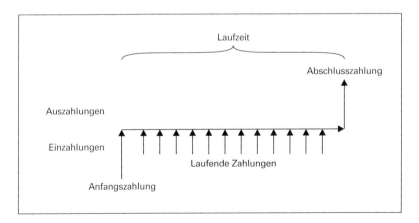

Eselsbrücke fürs Rechnen

Wenn Sie im Folgenden mit dem Hewlett Packard rechnen, dann wird jeder Zahlungsstrom über die Tasten PV (steht für **P**resent **V**alue = Gegenwartswert), PMT (steht für **P**ay**m**en**t** = Hier werden alle laufenden Zahlen gespeichert) und FV (steht für **F**uture **V**alue = Zukunftswert) eingegeben beziehungsweise errechnet. Immer wieder passiert es dabei Teilnehmern in meinen Seminaren, dass sie diese Endzahlungen über die Taste PV (Einmalzahlungen zu Beginn) eingeben oder den Gegenwartswert (PV) über die Taste für den Endwert (FV) abfragen wollen. Um das zu verhindern, merken Sie sich bitte die folgende Skizze:

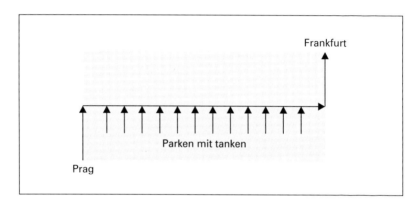

Das bedeutet: Wenn Sie von Prag (Gegenwart = PV) nach Frankfurt (Endstation = FV) fahren, dann müssen Sie zwischendurch parken und tanken (regelmäßige Zahlungen = PMT). Mit anderen Worten: Merken Sie sich für alle in diesem Buch im Folgenden gestellten Aufgaben, dass bei einer Frage nach Berechnung des Endwert immer nur Frankfurt = FV die Taste ist, die Sie zur Abfrage drücken. Und bei der Frage nach einem zu errechnenden Gegenwartswert kommt nur die Taste Prag (Gegenwert = PV) in Frage.

Der Taschenrechner HP 10 B II

Wenn Sie sich den Taschenrechner, mit dem wir in diesem Buch gemeinsam arbeiten, zum ersten Mal anschauen, werden Sie vielleicht erschrecken angesichts der vielen Funktionen und mehrfach belegten Tasten, die das Gerät bietet. Oder sind Ihnen die Abkürzungen PRC, CST bekannt und vertraut?

Eines versichere ich Ihnen, bevor Sie vor lauter Tastenfrust den Rechner zur Seite legen: Es handelt sich hier nicht um ein hochkompliziert zu bedienendes Wundergerät. Jeder kann sich leicht damit zurechtfinden. Wir benötigen für die von uns vorgestellten finanzmathematischen Berechnungen nur sehr, sehr wenige der Funktionen, die das Gerät anbietet.

Legen Sie den Rechner jetzt bei Seite und schauen einmal auf die systematische Darstellung auf der nächsten Seite. Wir werden nur die in dieser Darstellung hervorgehobenen Funktionstasten benutzen. Alle anderen Funktionen und Tasten des Rechners benötigen Sie nicht.

Wie Sie sehen kein Grund zur Panik, außer den üblichen Grundrechenarten und den Zifferntasten müssen Sie sich lediglich die Funktionen von neun Tasten einprägen.

Das genügt bereits, um fast jede (einfache) finanzmathematische Fragestellung zu lösen. Mit Sicherheit stimmen Sie mir zu, dass es leichter ist, sich diese wenigen Funktionen und Bedienschritte einzuprägen, als mit den im vorigen Kapitel dargestellten mathematischen Formeln zu arbeiten.

Grundbeispiele

Haben Sie sich den Zahlungsstrom eines Geschäfts wie oben gezeigt verdeutlicht, können Sie die Daten direkt in den Taschenrechner eingeben.

Der HP 10 B II verfügt über eine so genannte TVM Time Value of Money Funktion, in der beliebige Zahlungsströme mit gleichbleibenden laufenden Zahlungen erfasst werden können.

Sie finden diese Funktionstasten in der ersten Reihe des Tastefeldes.

Die einzelnen Tastenbezeichnung und ihre Bedeutung:

N: Dauer der Anlage/des Darlehens, Anzahl Zahlungsperioden
I/YR: Interest per Year, jährlicher nominaler Zins
PV: Present Value, Barwert oder Anfangszahlung, einmalige Zahlung zu Beginn einer Anlage/eines Darlehens
PMT: Payment, regelmäßige Zahlung während der Laufzeit
FV: Future Value, Zukunfts- oder Endwert einer Zahlungsreihe

Die einzelnen Tasten funktionieren als Speicher, die durch die oben dargestellten finanzmathematischen Formeln miteinander verknüpft sind. Möchten Sie einen Wert abspeichern, geben Sie den Wert über die Zifferntasten ein und drücken anschließend die gewünschte Speichertaste.

Drücken Sie eine Speichertaste, ohne vorher über die Zifferntasten einen Wert eingegeben zu haben, ermittelt der Rechner aus den Speicherwerten der übrigen Tasten anhand der oben dargestellten Formeln den Wert.

Zwei der Tasten, die bei der Erfassung von Zahlungsströmen benötigt werden, sind mit Doppelfunktionen belegt. Die Taste PMT trägt zusätzlich die Beschriftung **P/YR** (Periods per Year, Perioden pro Jahr/Häufigkeit unterjähriger Zahlungen).

Die Taste N ist zusätzlich mit **xP/YR** beschriftet. Über diese Funktion kann die Dauer eines Zahlungsstroms unabhängig von der ausgewählten Anzahl unterjähriger Zahlungsperioden als Jahreswert angegeben werden, während unter der Bezeichnung N die absolute Zahl der Zahlungsperioden abgelegt wird.

So ordnen Sie den Zahlungsstrom den Speicher-/Tastenbelegungen zu:

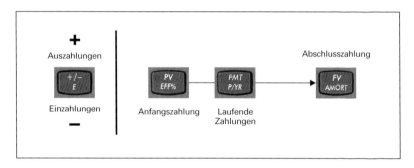

Zahlungen zu Beginn eines Zahlungsstrom werden unter der Speichertaste PV abgelegt.

Laufende Zahlungen werden unter dem Speicher PMT abgelegt.

Zahlungen am Ende eines Zahlungsstroms werden auf den Speicherplatz FV abgelegt. Erinnern Sie sich im Zweifel, welche Zahl auf welche Taste gelegt werden soll, immer an die kleine Eselsbrücke Prag – parken mit tanken – Frankfurt!

Wichtig

Zu jeder Zahlung muss zusätzlich die Information abgelegt werden, ob es sich um eine Einzahlung oder eine Auszahlung handelt. Zahlt der Anleger einen Betrag, wird dieser Wert bei der Eingabe mit einem negativen Vorzeichen versehen. Der Wechsel des Vorzeichens geschieht durch Drücken der Taste +/-.

Zahlungen an den Anleger werden demzufolge mit positivem Vorzeichen (keine Vorzeichenanzeige im Display) erfasst.

Jeder Zahlungsstrom muss sowohl aus Einzahlungen als auch aus Auszahlungen bestehen. Denn: Es gibt keine Geschäfte im Finanzbereich, bei denen jemand ausschließlich Zahlungen erhält oder leistet. Werden nur Zahlungen in einer Richtung eingegeben (geben Sie also nur positive Zahlen oder nur negative Zahlen ein), gibt der Rechner völlig zu Recht die Fehlermeldung „NO SOLUTION" – keine Lösung – aus.

So einfach dieser Tipp klingt, so wichtig ist es für Sie, ihn zu beachten. Die einfachste Methode, dieser „No-Solutions"-Falle zu entgehen ist, dass Sie sich immer wieder fragen:

Fließt eine einzugebende Zahlung aus meiner Tasche heraus oder in sie hinein?

Fließt eine Zahlung aus Ihrer Tasche, setzen Sie von Beginn Ihrer Rechnungen konsequent ein Minuszeichen vor die Zahl (Achtung: Eingabenreihenfolge: erst die Zahl, dann das Vorzeichen variieren). Fließt eine Zahlung in Ihre Tasche hinein, dann geben Sie die entsprechende Zahl positiv ein.

Ein letzter Hinweis in dieser Sache: Wenn Sie beispielsweise für den Sparplan, den Sie berechnen wollen, Geld (eine zusätzliche Einmalanlage) von Ihrer Oma erhalten, dann bekommen Sie zwar das Geld in Ihre Tasche, müssen es jedoch zur Anlage wieder aus Ihrer Tasche heraus, in den Sparvertrag zahlen. Die entsprechende Einmalzahlung sollte demzufolge mit einem Minuszeichen eingegeben werden.

Bei der Erfassung eines Zahlungsstroms halten Sie sich am einfachsten an ein festes Eingabeschema. Indem Sie diese Reihenfolge der sechs Berechnungsschritte einhalten, vermeiden Sie es, bei der Erfassung eines Zahlungsstroms einen Fehler zu machen. Als Merkhilfe gebe ich Ihnen zu jedem Eingabeschritt eine kurze Frage zu dem Geschäft/Zahlungsstrom, mit der Sie sich leicht die Tastenfolgen und Eingaben merken können.

1. Beginnen Sie immer mit der Eingabe der unterjährigen Zahlungsperioden. Den zugehörigen Speicher erreichen Sie durch die Tastenkombination Gelbe Taste (GT) und PMT. Durch Drücken der Gelben Umschalttaste (im Display erscheint „Shift") können Sie die gelb dargestellten Funktionen der Tastatur aufrufen.
Fragen Sie sich: Wie oft im Jahr erfolgen regelmäßige Zahlungen? Lautet die Antwort „12" (da es sich um einen monatlichen Sparplan handelt), geben Sie ein: 12 – GT – PMT.
Nach dieser Eingabe belegen wir die Speicherplätze, auf denen der Zahlungsstrom abgebildet wird, nacheinander. Damit systematisch vorgegangen wird und keine Eingabe ausgelassen wird, gehen wir dabei am besten von links nach rechts die Tastenreihenfolge durch. Dabei lassen wir die Eingabe der Größe, die wir nicht kennen, aus. Diesen Wert kann der Rechner ermitteln, wenn die übrigen Speicher belegt sind.
Gehen Sie entsprechend der zeitlichen Abfolge der Zahlungen von links nach rechts vor, so behalten Sie leicht den Überblick über die Eingaben und Berechnungen.

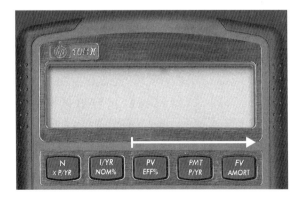

2. Geben Sie die Dauer des Zahlungsstroms ein. Am einfachsten ist es hier, die Dauer in Jahren über die Funktion xP/YR einzugeben, die als zweite Funktion auf der Taste N abgelegt ist. Die Umrechnung in die entsprechende Anzahl unterjähriger Zahlungsperioden führt der Rechner dann automatisch durch.
   Fragen Sie sich: Wie viele Jahre fließen Zahlungen?
   Lautet die Antwort „20" (da es sich um einen monatlichen Sparplan über 20 Jahre handelt), geben Sie ein 20 – GT – N.
3. Geben Sie den Zinssatz auf die Taste I/YR ein.
   Fragen Sie sich: Welcher Zinssatz liegt dem Zahlungsstrom zugrunde?
4. Geben Sie eine Anfangszahlung auf die Taste PV ein. Fließt keine einmalige Zahlung zu Beginn, geben Sie den Wert Null ein.
   Fragen Sie sich: Gibt es eine einmalige Zahlung am Beginn des Zahlungsstroms?
5. Geben Sie die Höhe der regelmäßigen Zahlungen ein.
   Fragen Sie sich: Welche Zahlungen fließen während der Laufzeit regelmäßig?
6. Geben Sie die Zahlung am Ende des Zahlungsstroms ein.
   Fragen Sie sich: Welche Zahlung fließt am Ende des Zahlungsstroms?

RCL-Taste: Kontrolle der Eingaben

Der Rechner behandelt die einzelnen Werte des Zahlungsstroms zunächst wie normale Speicherplätze. Zur Kontrolle Ihrer Eingaben können Sie die Inhalte der Speicherplätze auch abrufen, ohne den Wert des Speichers zu verändern. Drücken Sie dazu die Taste RCL und im Anschluss daran die Taste, deren Belegung Sie überprüfen möchten.

Bevor Sie den Rechner das Ergebnis einer Aufgabe berechnen lassen, empfehle ich Ihnen dringend, mit dieser Recall-Taste (RCL) die Eingaben zu kontrollieren. Beispielsweise RCL N, RCL I/YR, RCL PV. Erst dann drücken Sie die letzte Taste, mit der Sie das gewünschte Ergebnis einer Aufgabe abfragen. Also beispielsweise FV, wenn Sie das Endergebnis wissen wollen. Diese Vorgehensweise kostet Sie nur wenige Sekunden, gibt Ihnen jedoch sehr große Sicherheit.

Vorschüssige/Nachschüssige Zahlungen – Anrechnung der Zahlungen

Für das Ergebnis jeder finanzmathematischen Berechnung ist der Zeitpunkt der Ein- oder Auszahlung entscheidend. Der Taschenrechner kann unterscheiden zwischen Zahlungen zum Begin (vorschüssig) und Zahlungen zum Ende (nachschüssig) einer Zahlungsperiode.

Wird mit einer vorschüssigen Zahlungsweise gearbeitet, ist im Display „BEGIN" angezeigt. Bei nachschüssiger Zahlungsverrechnung erfolgt kein gesonderter Displayhinweis. Zwischen den unterschiedlichen Methoden der Zahlungsanrechnung können Sie durch die Tastenkombination gelbe Taste und Taste MAR wechseln. In den meisten Aufgaben rechnen wir mit nachschüssigen Zahlungen, es sei denn, es wird ausdrücklich auf vorschüssige Zahlungen hingewiesen.

Nominal- und Effektivzins:
Bei der Bedeutung und Ermittlung des effektiven Jahreszinses beherrscht sowohl bei Finanzberatern wie auch bei Verbrauchern weit gehende Unkenntnis das Bild. Zur allgemeinen Bedeutung des effektiven Jahreszinses sollen an dieser Stelle nur einige kurze Bemerkungen erfolgen:

Der effektive Jahreszins soll dazu dienen, Geldgeschäfte durch die Ermittlung der Verzinsung nach einem einheitlichen Berechnungsverfahren vergleichbar zu machen. Ein Vergleich anhand des von Produktanbietern angegebenen Zinssatzes ist in vielen Fällen nicht möglich da:

- Zahlungen zu unterschiedlichen Terminen erfolgen,

- Zinsen zu unterschiedlichen Terminen gutgeschrieben/belastet werden, so dass unterjährige Zinsgutschriften/-belastungen, zu einem Zinseszinseffekt während des Jahres führen können,

- unterschiedliche Gebühren neben eigentlichen Zinszahlungen die Kosten und Erträge eines Geschäfts beeinflussen.

Um hier Verbrauchern einen Vergleich unterschiedlicher Angebote zu ermöglichen, hat der Gesetzgeber in der Preisangabenverordnung festgelegt, dass für Kredite, die an Verbraucher vergeben werden, der so genannte effektive Jahreszins, bzw. bei Krediten, die nicht während der Zinsfestschreibung vollständig getilgt werden, der anfängliche effektive

Jahreszins anzugeben ist. Wie dieser effektive Jahreszins zu berechnen ist, ist in § 6 Preisangabenverordnung festgelegt. Hier finden sich auch Angaben darüber, welche sonstigen Kosten eines Darlehens wie Zinszahlungen für die Ermittlung des effektiven Jahreszinses nach Preisangabenverordnung zu berücksichtigen sind.

Der HP 10 B II bietet ebenfalls die Vorgabe eines Effektivzinses bzw. die Ermittlung eines effektiven Zinssatzes an. Dabei wird der Zins ermittelt bzw. vorgegeben, der bei einer Zinsgutschrift und weiterer Verzinsung der gutgeschriebenen Zinsen zum Jahresende zum gleichen Endergebnis führt wie die Zinsgutschrift zu den über die Tastenkombination GT PMT vorgegebenen Zahlungsterminen innerhalb des Jahres. Diese Effektivzinsberechnung entspricht der Ermittlung des effektiven Jahreszinses nach Preisangabenverordnung in der Fassung seit dem 1.9.2000 unter der Vorraussetzung, dass alle vertragsrelevanten Zahlungen im Zahlungsstrom erfasst sind.

Seit September 2000 ist die Berechnungsvorschrift der Preisangabenverordnung verändert worden. Diese neue Regelung der Effektivzinsberechnung berücksichtigt unterjährige Zahlungen eines Darlehens in anderer Art und Weise und führt somit zu einer Differenz des ausgewiesenen effektiven Zinses gegenüber der vorherigen Definition.

Wichtig: Der HP-Taschenrechner rechnet auf Basis der neuen Formel für den Effektivzins, die seit dem 1.9.2001 Bestandteil des § 6 PAngV ist.

Nur am Rande sei bemerkt, dass es neben der Effektivzinsermittlung nach den Vorgaben der Preisangabenverordnung noch weitere abweichende Verfahren gibt, die hier nicht weiter beschrieben werden sollen. Wichtig für Sie ist, dass Sie um die Existenz des effektiven Jahreszinssatzes als Vergleichszins wissen und Ihnen bekannt ist, dass unterschiedliche Berechnungsverfahren mit unterschiedlichen Ergebnissen verwendet werden. Möchten Sie Finanzprodukte anhand eines Effektivzinssatzes beurteilen, achten Sie darauf, dass die angegebenen Effektivzinssätze nach dem gleichen Berechnungsverfahren ermittelt wurden.

Wie rechnet der HP 10 B II den Effektivzins?

Der HP 10 B II stellt bei der Ermittlung des effektiven Zinses auf eine einmalige Zinsgutschrift zum Jahresende ab.

 BEISPIEL

Geben Sie zunächst einmal den folgenden Zahlungsstrom in den Rechner ein:

Eingabe			Display	Erklärung
12		PMT P/YR	12,00	Zinsen werden monatlich gutgeschrieben.
1		N xP/YR	12,00	Es wird ein Zeitraum von 12 Monaten betrachtet.
6		I/YR NOM%	6,00	Der Nominalzins beträgt 6 %.
1000	+/−	PV EFF%	− 1.000,00	Einmalig wird ein Betrag von 1.000 € angelegt.
0		PMT P/YR	0,00	Weitere Zahlungen erfolgen während der Laufzeit nicht.
		FV AMORT	1.061,68	Nach Ablauf eines Jahres verfügt der Anleger über ein Kapital von 1.061,68 €.

Durch die Zinsgutschrift innerhalb des Jahreszeitraums hat der Anleger nicht nur 6 Prozent Zinsen auf sein Kapital erwirtschaftet (6 Prozent von 1.000 € sind 60 €), sondern er verfügt zum Jahresende durch den Zinseszinseffekt, der hier innerhalb des Jahres aufgetreten ist, bereits über ein Guthaben von 1061,68 €. Er hatte Zinseinnahmen in Höhe von 61,68 €. Das heißt: Auf einem klassischen Sparbuch, bei dem die Zinsen zum Jahresende gutgeschrieben werden, hätte er eine Verzinsung von 6,168 Prozent erzielen müssen, um zum gleichen Endergebnis zu gelangen.

Diesen effektiven Zins ermittelt der HP 10 B II durch Drücken der Tasten und

Wir wollen in diesem Buch den effektiven Zins als die jährliche Verzinsung unter Berücksichtigung unterjähriger Zinsgutschriften und Zins und Zinseszins verstehen.

Möchten Sie eine effektive Verzinsung mit 6 Prozent pro Jahr vorgeben, muss zunächst der nominale Zins ermittelt werden, bei dem bei monatlicher Zinsgutschrift ein effektiver Zins von 6 Prozent erreicht wird. Diese Umrechnung nehmen Sie mit dem Taschenrechner nach den folgenden Eingabeschritten vor.

Eingabe		Display	Erklärung
12	PMT P/YR	12,00	Die Anzahl der unterjährigen Zinsverrechnungen wird vorgegeben.
6	PV EFF%	6,00	Der Effektivzins beträgt 6 %.
	I/YR NOM%	5,84	Der zugehörige nominale Zins wird ermittelt.

In diesem Buch sind alle Berechnungen unter Vorgabe des effektiven Zinses durchgeführt. Auch wenn die Abweichungen zwischen dem effektiven Zinssatz und dem nominalen Zinssatz in dem eben angeführten Beispiel nur minimal sind, so kann sich diese Zinsdifferenz bei langen Anlagezeiträumen zu sehr großen Beträgen summieren.

Eingabe		Display
12	PMT P/YR	12,00
1	N xP/YR	12,00
8	I/YR NOM%	8,00
0	PV EFF%	0,00
200	+/- E PMT P/YR	-200,00
	FV AMORT	2.489,99

Wenn Sie also einen Sparplan mit 200 € monatlicher Sparrate und einer Verzinsung von 8 Prozent wie in der Tabelle eingeben, dann rechnen Sie mit einer nominalen Verzinsung von 8 Prozent.

Die Umrechnung:

Eingabe		Display
	RCL STO I/YR NOM%	8,00
	PV EFF%	8,30

Unter Berücksichtigung von Zins und Zinseszins hat der Sparplan für den Anleger jedoch eine (effektive) Verzinsung von 8,3 Prozent erbracht.

Weitere wichtige Funktionen

Wahrscheinlich haben Sie noch die amerikanische Voreinstellung im Taschenrechner gespeichert. Bei Ihnen ist im Display die Kommastelle als Punkt und der Punkt als Komma angegeben. Um das zu ändern, drücken Sie die gelbe Taste und den Punkt zwischen „0" und „=". Nun haben Sie die deutsche Einstellung gespeichert.

Außerdem wird in diesem Buch immer mit 2 Nachkommastellen gerechnet. Wenn Sie also im Display mehr oder weniger als zwei Nachkommastellen haben, so drücken Sie die gelbe Taste, danach auf „=" und nun auf die Zahl „2" für zwei Nachkommastellen.

Weitere Informationen finden Sie auch im Kapitel „Häufig gestellte Fragen".

Übungen und Beispiele

Hinweis: Die folgenden Übungsaufgaben und Berechnungsbeispiele sind speziell für die Leser gedacht, die zum ersten Mal mit dem HP 10 B II-Taschenrechner arbeiten. Leser, die bereits im Umgang mit dem Rechner geübt sind, können diesen Teil überspringen.

1. Ein Anleger möchte in den nächsten vier Jahren monatlich einen Betrag von 150 € sparen. Diesen Betrag kann er zu einer Verzinsung von 3 Prozent anlegen. Wie hoch ist sein Endvermögen in vier Jahren?

    a) Es handelt sich um monatliche Zahlungen, also zwölf Zahlungen im Jahr.

    b) Die gesamte Laufzeit des Geschäfts beträgt vier Jahre.

    c) Der Zahlungsstrom:

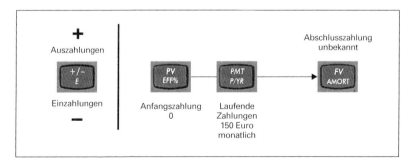

Die Eingabe in den Rechner:

Eingabe		Display	Erklärung
12	PMT P/YR	12,00	12 Zahlungen jährlich werden durch den Anleger geleistet.
4	N xP/YR	48,00	Der Anleger zahlt 4 Jahre lang, also 48 Monate.
3	I/YR NOM%	3,00	Der Anlagezins beträgt 3 %.
0	PV EFF%	0,00	Der Anleger leistet zu Beginn der Vertragslaufzeit keine Einmalzahlung.
150	+/− PMT P/YR	− 150,00	Der Anleger zahlt monatlich einen Betrag von 150 €. Dieser Betrag fließt beim Anleger ab, daher wird der Wert mit negativen Vorzeichen eingegeben.
	FV AMORT	7.639,68	Ergebnis: Der Anleger erhält am Ende der Vertragslaufzeit eine Zahlung von 7.639,68 €.

2. Ein Anleger möchte in den nächsten acht Jahren monatlich sparen. Er geht davon aus, dass er eine Verzinsung seines Kapitals von 6 Prozent erzielt. Welchen Betrag muss er monatlich sparen, damit er nach acht Jahren über ein Kapital 60.000 € verfügen kann?

a) Es handelt sich wieder um monatliche Zahlungen, also zwölf Zahlungen im Jahr.

b) Die Anlagedauer beträgt acht Jahre.

c) Der Zahlungsstrom:

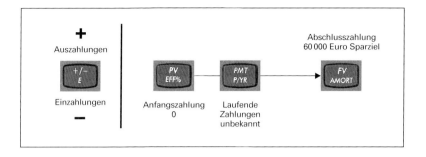

Die Eingabe in den Rechner:

Eingabe		Display	Erklärung
12	PMT P/YR	12,00	12 Zahlungen jährlich werden durch den Kunden gezahlt.
8	N x P/YR	96,00	Der Anleger zahlt 8 Jahre lang, also 96 Monate.
6	I/YR NOM%	6,00	Der Anlagezins beträgt 6 %.
0	PV EFF%	0,00	Der Anleger leistet zu Beginn der Vertragslaufzeit keine Einmalzahlung.
60000	FV AMORT	60.000,00	Am Ende der Sparzeit möchte der Anleger über ein Vermögen von 60.000 € verfügen.
	PMT P/YR	– 488,49	Der Anleger muss monatlich einen Betrag von 488,49 € aufbringen, damit er sein Sparziel erreicht. Diese Zahlung fließt dem Kunden ab, daher wird der Wert mit einem negativen Vorzeichen ausgegeben.

3. Ein Sparer möchte einen Betrag von 50.000 € für zehn Jahre anlegen. Bei einer Festgeldanlage erhält er einen Zins von 4,5 Prozent. Weitere Sparzahlungen möchte er nicht leisten. Welches Kapital steht dem Anleger in zehn Jahren zur Verfügung?

Eingabe		Display	Erklärung
1	PMT P/YR	1,00	Es handelt sich um eine Einmalanlage ohne zwischenzeitliche Zahlungen. Hier muss die Häufigkeit der Zinsanrechnungen auf einmal jährlich umgestellt werden.
10	N xP/YR	10,00	Die Anlagedauer beträgt 10 Jahre.
4.5	I/YR NOM%	4,50	Der Anlagezins beträgt 4,5 %.
50000 +/− PV EFF%		−50.000,00	Der Anleger leistet zu Beginn eine einmalige Zahlung von 50.000 €.
0	PMT P/YR	0,00	Während der Anlagedauer fließen keine zwischenzeitlichen Zahlungen.
	FV AMORT	77.648,47	Nach 10 Jahren verfügt der Anleger über ein Vermögen von 77.648,47 €.

4. Ein Anleger hat es sich zum Ziel gesetzt Millionär zu werden. Er kann monatlich einen Betrag von 1.000 € sparen. Welche Rendite muss er erzielen, wenn er in 25 Jahren sein Ziel erreichen will?

Eingabe		Display	Erklärung
12	PMT P/YR	12,00	Der Anleger will monatlich sparen, das heißt 12 Zahlungen jährlich.
25	N xP/YR	300,00	In 25 Jahren (= 300 Monate) will der Anleger sein Sparziel erreicht haben.
0	PV EFF%	0,00	Der Anleger leistet keine Einmalzahlung zu Beginn seines Sparplans.
1000 +/− PMT P/YR		−1.000,00	Der Anleger zahlt monatlich einen Betrag von 1.000 €.
1000000	FV AMORT	1.000.000,00	Nach 25 Jahren möchte der Anleger über ein Vermögen von 1.000.000 € verfügen.
	I/YR NOM%	8,31	Damit er sein Sparziel erreicht, muss die Anlage eine Mindestrendite von 8,31 % erzielen.

5. Wie lange muss der Anleger sparen, um Millionär zu werden, wenn seine gewählte Anlage anstatt der benötigten 8,31 Prozent jährlich nur eine durchschnittliche Rendite von 5 Prozent pro Jahr erzielt?

Eingabe		Display	Erklärung
12	PMT P/YR	12,00	Der Anleger will monatlich sparen, das heißt 12 Einzahlungen jährlich.
5	I/YR NOM%	5,00	Die Anlage erbringt eine Rendite von 5 % pro Jahr.
0	PV EFF%	0,00	Der Anleger leistet keine Einmalzahlung zu Beginn seines Sparplans.
1000 +/− , PMT P/YR		− 1.000,00	Der Anleger zahlt monatlich einen Betrag von 1.000 €.
1000000	FV AMORT	1.000.000,00	Nach 25 Jahren möchte der Anleger über ein Vermögen von 1.000.000 € verfügen.
	N x P/YR	394,96	Der Anleger muss rund 395 Monate sparen, damit er sein Sparziel erreicht.
RCL STO	N x P/YR	32,91	Abfrage der Spardauer als Jahreswert: Der Anleger muss rund 33 Jahre sparen.

In den vorherigen Aufgaben wurde nicht zwischen Nominal- und Effektivzins unterschieden.

Unsere Ausgangspunkte

Teil B
Grundwissen zu FQ Finanzieller Intelligenz

Zins und Zinseszins

Im Folgenden geht es um eine besonders wichtige Lektion. Sie wird Ihnen allemal jegliche Scheu vor Zins- und Zinseszinsrechnungen nehmen. Gleich, welche Beträge Sie investieren wollen, gleich zu welchen Zinsen Sie Ihr Geld anlegen oder über welche Laufzeit. Künftig werden Sie in wenigen Sekunden die gewünschten Ergebnisse ausrechnen. Um Ihnen zu beweisen, wie viel Spaß und Motivation es bringt, innerhalb kürzester Zeit Geldberechnungen zu variieren, ist der folgende Musterfall in viele kleine Schritte aufgeteilt. Los geht's!

 BEISPIEL

Susi Schlau möchte monatlich 100 € sparen und wie auch immer für die private Altersvorsorge investieren. Sie ist mit ihren 25 Jahren sehr sicherheitsorientiert. Zunächst will sie wissen, was bei einem effektiven Zins von sagen wir 4 Prozent (Banksparplan) an möglichem Vermögen bis zum 55. Lebensjahr angespart werden kann.

 **Berechnung**

Eingabe	Display	Erklärung
12 GT PMT	12,00	Monatlicher Sparplan (12 Perioden im Jahr).
30 GT N	360,00	Die gesamte Finanzierungsdauer beträgt 30 Jahre à 12 Monate = 360 Monate.
4 GT PV	4,00	Der effektive Zins beträgt jährlich 4 %.
GT I/YR	3,93	Der nominale Zins beträgt umgerechnet 3,93 %.
0 PV	0,00	Susi Schlau zahlt keinen zusätzlichen Einmalbetrag zu Beginn.
100 +/− PV	− 100,00	Monatlich will sie 100 € sparen (aus der Tasche raus = Minus-Vorzeichen).
FV	68.527,06	Ergebnis: Nach 30 Jahren beträgt das Sparergebnis 68.527,06 €.

Lassen Sie das Ergebnis von 68.527,06 € im Display für die folgenden Variationen stehen. Susi Schlau ist nun neugierig, wie sich unterschiedliche Zinsen auf das Endergebnis auswirken. Auch will Sie wissen, wie sich ein oder zwei zusätzliche Spar- und Investitionsjahre auf das Endergebnis auswirken. Dazu kommt, dass Sie im Laufe der letzten Jahre 3.000 € zur Seite gelegt hat. Diese sind derzeit als Festgeld angelegt. Auch hier geht es darum auszurechnen, wie sich das Endvermögen entwickelt, wenn diese 3.000 € zu Beginn als Einmalanlage zusätzlich investiert werden. Lassen Sie uns gemeinsam im Folgenden variieren. Wichtig ist dabei nochmals: Sie müssen die Zahl „68.527,06" noch im Display sehen (das Endergebnis unserer letzten Berechnung). Sollten Sie zwischenzeitlich irrtümlich alles gelöscht haben, wiederholen Sie den obigen, ersten Rechenschritt zum Fall Susi Schlau, bis Sie wieder den Betrag von „68.527,06" im Display sehen. Dann geht's weiter ...

Eingabe	Display	Erklärung
35 GT N	420,00	Die gesamte Finanzierungsdauer beträgt nun 35 Jahre à 12 Monate = 420 Monate.
8 GT PV	8,00	Susi Schlau möchte mit 8 % effektiv rechnen.
GT I/YR	7,72	Der nominale Zins beträgt dann umgerechnet 7,72 %.
0 PV	0,00	Die 3.000 € mögliche Einmalanlage bleiben noch außen vor.
FV	214.256,76	Nach 35 Jahren beträgt das Endergebnis in diesem Fall rund 214.000 €.

Lassen Sie auch jetzt das Ergebnis von 214.256,76 € im Display für die folgenden Variationen stehen. *Wichtiger Tipp: Der HP 10 B II speichert alle Angaben der letzten Berechnung, die Sie nicht überschreiben (mit neuen Zahlen belegen).* Bleiben also die Grundlagen wie Anzahl der Perioden (zum Beispiel 12 bei monatlicher Sparweise) gleich (in unserem Fall will Susi Schlau trotz aller Variationen stets monatlich sparen), ändern Sie nur die Variablen wie

	Eingabe auf Taste
Anzahl der Jahre	(Jahre) GT N
Effektiver Zins	GT PV, dann Abfrage GT I/YR
Einmalanlagen	PV (genau genommen +/– PV)
Sparraten	PMT (genau genommen +/– PMT)

Lassen Sie uns gemeinsam weitere Variationen berechnen. Sie sehen also im Display noch die 214.256,76 € (wenn nicht, rechnen Sie die oben genannten Schritte bis zu diesem Ergebnis noch einmal nach) und variieren nun wie folgt:

Eingabe	Display	Erklärung
3000 +/− PV	− 3.000,00	Susi Schlau will nun wissen, welches Ergebnis nach 35 Jahren erzielt wird, wenn sie die 3.000 € als zusätzliche Einmalanlage zu Beginn mit einbringt.

Hinweis

Machen Sie sich zunächst klar, was sich ändert, welche Zahl sich ändert. In unserem Fall bleiben alle Eingaben gleich (sind also noch gespeichert). Neu hinzu kommt lediglich die zusätzliche Einmalanlage. Diese geben Sie ein wie oben beschrieben. Achtung: Diese Einmalanlage fließt Susi Schlau aus der Tasche. Denken Sie daher an das Minus-Vorzeichen. Die Eingabe lautet also 3.000 +/− PV. Dann drücken Sie die Taste FV = Future Value = Endergebnis:

Eingabe	Display	Erklärung
FV	258.612,79	Nach 35 Jahren beträgt das Endergebnis in diesem Fall rund 259.000 €.

Lassen Sie auch jetzt wieder das Ergebnis von 214.256,76 € im Display für die folgenden Variationen stehen. Zunächst bedeutet diese kleine Zwischenrechnung: Die zusätzliche Einmalanlage in Höhe von 3.000 € erhöht das Endergebnis nach 35 Jahren Spardauer um 259.000 minus 214.000 €, macht 45.000 €. Die zusätzliche Einmalanlage verfünfzehnfacht sich somit!

Die Botschaft lautet: Jede zusätzliche Einmalanlage zu Beginn oder auch während eines Sparplanes lohnt sich sehr! Durchforsten Sie Ihre Konten. Klären Sie, ob irgendwo noch einige hundert oder gar einige tausend Euro vor sich hin schlummern. Wenn ja, legen Sie diese Beträge zusätzlich in einen bestehenden Fondssparplan an. Es lohnt sich!

Wiederholung

Bevor Sie nun weiterlesen, wiederholen Sie den Sachverhalt von Susi Schlau. Je langsamer Sie diese ersten Übungen ausführen, je bewusster Sie jede Eingabe eintippen (Warum genau so und nicht anders?), desto größer werden Ihre Lernfortschritte bereits zu Beginn sein. Dabei gilt: Selbst dann, wenn Sie einen Abend lang nur das Beispiel von Susi Schlau immer und immer wieder neu rechnen, ist diese Vorgehensweise sehr gut! Lernerfolge basieren auf Wiederholung.

Auf der folgenden Seite noch einige kleine Übungen zum eigenen Nachrechnen. Neben diesen Variationen testen Sie sich am besten auch selbst: Denken Sie sich eigene Beispielfälle aus und versuchen Sie dann auf dem kürzesten Weg zum Endergebnis zu kommen. Entscheidend dabei ist: Ändern Sie stets nur – wenn der grundlegende Zahlungsrhythmus bleibt (also beispielsweise monatlicher Sparplan) – die Größen, die sich wirklich ändern.

Die alles entscheidende Botschaft lautet: Wenn Sie diese Variationen beherrschen, beherrschen Sie einen Großteil des Know-how, was Sie im Laufe dieses Buches brauchen werden. Daher gilt: Versuchen Sie in jedem Fall unabhängig von den oben genannten, fest vorgegebenen Beispielen und Variationen selbst ausgedachte Beispiele und Variationen zu rechnen.

Eingabe	Display	Erklärung
		Susi Schlau sind die 35 Jahre zu lang. Sie fragt sich, was anstatt der rund 258.000 € als Ergebnis herauskommt, wenn sie „nur" 20 Jahre spart.
20 GT N	240,00	Die gesamte Finanzierungsdauer beträgt nun 20 Jahre à 12 Monate = 240 Monate.
FV	70.882,78	Nach 20 Jahren beträgt das Endergebnis rund 71.000 €.
		Susi Schlau hat davon gelesen, dass der Dow Jones im Zeitraum 1980 bis 2000 durchschnittlich 13 % pro Jahr zulegte. Sie will nun wissen, was nach den 20 Jahren, jedoch bei angenommen 13 % effektivem Zins als Endkapital herauskommt.
13 GT PV	13,00	Susi Schlau möchte mit 13 % effektiv rechnen.
GT I/YR	12,28	Der nominale Zins beträgt dann umgerechnet 12,28 %.
FV	137.365,47	Nach 20 Jahren, gerechnet mit 13 % effektiv, beträgt das Endergebnis rund 137.000 €.
		Susi Schlau wird nun gierig. Jetzt ist sie neugierig zu wissen, was nach 35 Jahren Laufzeit bei ansonsten unveränderten Vorgaben, also weiterhin auch 13 % effektiv, am Ende herauskommt.
35 GT N	420,00	Die gesamte Finanzierungsdauer beträgt nun wieder 35 Jahre à 12 Monate = 420 Monate.
FV	910.447,85	Nach 35 Jahren beträgt das Endergebnis in diesem Fall rund 910.000 €.
		Susi Schlau wird nun völlig gierig. Sie will nun wissen, wie viel sie monatlich sparen und investieren müsste, um über exakt 1 Million € nach bereits 30 Jahren zu verfügen. Alle anderen Größen wie Zins, Einmalanlage usw. bleiben konstant.
30 GT N	360,00	Die gesamte Finanzierungsdauer beträgt nun wieder gewünschte 30 Jahre à 12 Monate = 360 Monate.
1000000 FV	1.000.000,00	Sie will 1 Million € nach 30 Jahren erreichen. Das Endvermögen ist also eine klar vorgegebene Zahl. Sie belegen daher die Taste FV (Future Value/Endwert) mit dem gewünschten Endwert.
PMT	−237,06	Das bedeutet: Susi Schlau müsste monatlich 237,06 € bezahlen (Minus = aus der Tasche raus) um nach 30 Jahren Laufzeit, der zusätzlichen Einmalanlage von 3.000 € zu Beginn und bei einem angenommenen, durchschnittlichen Zins von 13 % effektiv am Ende 1 Million € zu besitzen.

Rendite und Performance

Der Unterschied zwischen Rendite und Performance ist vielen nicht bekannt, und deshalb nutzen Banken, Versicherungs- und Fondsgesellschaften diese Angaben gern für Werbemaßnahmen. Performance ist der Prozentuale Wert für das, was ein Anlageinstrument in einigen Jahren insgesamt gewonnen hat. Rendite ist die Prozentuale Angabe dafür, wie sich das Anlageinstrument Jahr für Jahr verzinst. In dem Buch ist meist die Bezeichnung Zins genannt. Für den Verbraucher kann Performance und Rendite sehr irreführend sein. Wenn Gesellschaften mit 600 Prozent Performance in den letzten 20 Jahren werben, weisen manche Anbieter gleichzeitig auf eine jährliche Wertentwicklung von 30 Prozent hin. 600 Prozent Performance geteilt durch die 20 Jahre sind nun einmal für jeden nachvollziehbar 30 Prozent Wertentwicklung pro Jahr (manche nennen das dann auch durchschnittliche Rendite). So lautet oft die zuerst logisch erscheinende, aber nicht korrekte Rechnung.

 BEISPIEL

Die Rendite des obigen Beispiels können Sie nun anhand des Taschenrechners schnell ausrechnen. Nehmen wir an, dass Sie 1.000 € in dieses Anlageprodukt investieren. Nach 20 Jahren hätten Sie somit 7.000 € (1.000 + 600 Prozent = 7.000).

 Berechnung

Eingabe	Display	Erklärung
1 GT PMT	1,00	Jährliche Verzinsung.
20 GT N	20,00	Sie legen 20 Jahre lang an.
1000 +/− PV	− 1.000,00	Zu Beginn investieren Sie einmalig 1.000 €.
0 PMT	0,00	Sie sparen keinen Betrag regelmäßig.
7000 FV	7.000,00	Nach 20 Jahren haben Sie durch 600 % Performance 7.000 € erreicht.
I/YR	10,22	Somit hätten Sie eine Rendite von rund 10,22 % erzielt.

Ergebnis: Es ist also nicht einfach der Durchschnittswert von 600 Prozent geteilt durch 20 Jahre zu bilden. Mit 10,22 Prozent ist die ausgerechnete Rendite also nur ein Drittel zu dem, womit einige Institutionen werben. Dabei gilt: Je länger der Zeitraum, in dem mit Performance pro Jahr geworben wird, desto irreführender ist diese Vorgehensweise.

BEISPIEL

Nach 5 Jahren ist ein Startkapital von 1.000 € auf 1.600 € angewachsen. Das würde einer Performance von 60 Prozent entsprechen. Viele würden diese 60 Prozent nun durch 5 teilen, also 12 Prozent, um die Rendite zu errechnen. Sie rechnen nach, dass es ein geringerer Wert ist:

Berechnung

Eingabe	Display	Erklärung
1 GT PMT	1,00	Jährliche Verzinsung.
5 GT N	5,00	Sie legen 5 Jahre lang an.
1000 +/− PV	− 1.000,00	Zu Beginn investieren Sie einmalig 1.000 €.
0 PMT	0,00	Sie sparen keinen Betrag regelmäßig.
1600 FV	1.600,00	Nach 5 Jahren ist das Kapital auf 1.600 € angewachsen.
I/YR	9,86	Somit hätten Sie eine Rendite von 9,86 % erzielt.

Ergebnis: Bei 5 Jahren ist also nur ein geringer Unterschied zu den zuerst falsch ausgerechneten 12 Prozent. Doch wie wirkt sich die Differenz nach 50 Jahren aus?

BEISPIEL

Nach 50 Jahren ist ein Kapital von 1.000 € auf 117.000 € angewachsen. Das würde einer Performance von 11.600 Prozent entsprechen. Hier würde die falsche Rechnung zur Rendite einen Wert von 232 Prozent ergeben. Das wäre für jeden überraschend hoch. Sie lassen sich von solchen Zahlen nicht irritieren und rechnen den Wert aus:

 Berechnung

Eingabe	Display	Erklärung
1 GT PMT	1,00	Jährliche Verzinsung.
50 GT N	50,00	Sie legen 50 Jahre lang an.
1000 +/– PV	– 1.000,00	Zu Beginn investieren Sie einmalig 1.000 €.
0 PMT	0,00	Sie sparen keinen Betrag regelmäßig.
117000 FV	117.000,00	Nach 50 Jahren ist das Kapital auf 117.000 € angewachsen.
I/YR	9,99	Somit hätten Sie eine Rendite von rund 9,99 % erzielt.

Ergebnis: In diesem Beispiel ist der Unterschied zwischen der falschen (232 Prozent) und mit der am Taschenrechner ausgerechneten Rendite (9,99 Prozent) besonders groß.

Die entscheidende Botschaft lautet: Lassen Sie sich nicht durch großartig klingende, hohe, zweistellige Performanceangaben blenden. Rechnen Sie den effektiven Zins selbst aus. Nur so können Sie über Jahre eine Geldanlage mit der anderen vergleichen.

Wichtige Geldstrategien

Sparen Sie im Überfluss

Es gibt Zeitpunkte, da erhält man auf einen Schlag viel Geld. Durch eine Erbschaft, eine Steuerrückzahlung oder einen anderen unerwarteten Geldzufluss ist plötzlich das Konto wieder voll. Meist leben die Leute dann über ihre Verhältnisse und geben das Geld für Dinge aus, die sie eigentlich nicht brauchen. Doch die Taschen sind mit Geld gefüllt und irgendetwas muss man ja damit machen. „Ausgeben und Spaß haben" ist die Devise dieser Leute. Machen Sie es anders. Zuerst sollten Sie Ihre Schulden minimieren, bevor Sie irgendetwas anderes mit dem Geld machen. Handeln Sie nun finanziell intelligent und sparen Sie das restliche Kapital. Halten Sie es am besten gar nicht in Ihren Händen, sondern überweisen Sie es direkt in einen Investmentfonds oder eine andere Geldanlage.

 BEISPIEL

Errechnen Sie einmal die Differenz der beiden Vermögen, die sich ergibt, wenn Sie einige einmalige Einnahmen sparen oder wenn Sie diese alle ausgeben. Nehmen wir an, Sie sind 25 Jahre alt. Folgende unerwartete Einnahmen erhalten Sie mit den Jahren auf Ihrem Konto:

Kontostand (Girokonto)
Ausgangssaldo: –1.500 €
35. Lebensjahr   Lottogewinn   10.000 €
39. Lebensjahr   Steuerrückzahlung   2.000 €
45. Lebensjahr   Erbschaft   20.000 €

Zudem sparen Sie in beiden Fällen nebenbei noch 200 € monatlich. Das Konto gleichen Sie in beiden Fällen mit dem Lottogewinn aus und sparen in einen Aktienfonds, der angenommen einen effektiven Zins von 9 Prozent erwirtschaftet.

Berechnung: 25. – 35. Lebensjahr

Eingabe	Display	Erklärung
12 GT PMT	12,00	Monatlicher Sparplan (12 Perioden im Jahr).
10 GT N	120,00	Sie sparen die ersten 10 Jahre bis zum Lottogewinn.
9 GT PV	9,00	Der effektive Zins beträgt 9 %.
GT I/YR	8,65	Der nominale Zins beträgt umgerechnet 8,65 %.
0 PV	0,00	Mit 25 Jahren sparen Sie keinen Einmalbetrag zu Beginn.
200 +/– PMT	– 200,00	Monatlich sparen Sie 200 €.
FV	37.943,73	Ergebnis: Nach zehn Sparjahren beträgt das Vermögen 37.943,73 €.

Nachdem Sie vom 25. bis zum 35. Lebensjahr durch monatliches Sparen 37.943,73 € erwirtschaftet haben, bekommen Sie nun den Lottogewinn über 10.000 €, wovon Sie das Konto ausgleichen. Somit werden nur noch 8.500 € in den Fonds eingezahlt.

Berechnung: 35. – 39. Lebensjahr

Eingabe	Display	Erklärung
RCL FV + 8500 =	46.443,73	Ergebnis nach 10 Jahren + 8.500 € = 46.443,73 €; Ergebnis im Display stehen lassen.
+/– PV	– 46.443,73	Das Ergebnis + Lottogewinn investieren Sie als Einmalanlage in den Fonds.
4 GT N	48,00	Sie sparen weitere 4 Jahre bis zur Steuerrückzahlung.
FV	76.980,32	Mit dem 39. Lebensjahr besitzen Sie schon 76.980,32 €.

 Nun erhalten Sie mit dem 39. Lebensjahr die Steuerrückzahlung von 2.000 €, die Sie wieder in den Aktienfonds investieren.

 Berechnung: 39. – 45. Lebensjahr:

Eingabe	Display	Erklärung
RCL FV + 2000 =	78.980,32	Ergebnis nach 14 Jahren + 2.000 € = 78.980,32 €; Ergebnis im Display stehen lassen.
+/– PV	– 78.980,32	Das Ergebnis + Steuerrückzahlung investieren Sie als Einmalanlage in den Fonds.
6 GT N	72,00	Sie sparen weitere 6 Jahre bis zur Erbschaft.
FV	151.247,13	Mit dem 45. Lebensjahr besitzen Sie schon 151.247,13 €.

 Nun bekommen Sie noch die Erbschaft über 20.000 €, die Sie wiederum in den Fonds einzahlen und sparen danach bis zum 60. Lebensjahr weiter.

Wichtige Geldstrategien

Berechnung: 45. – 60. Lebensjahr

Eingabe	Display	Erklärung
RCL FV + 20000 =	171.247,13	Ergebnis nach 20 Jahren + 20.000 € = 171.247,13 €; Ergebnis im Display stehen lassen.
+/− PV	− 171.247,13	Das Ergebnis + Erbschaft investieren Sie als Einmalanlage in den Fonds.
15 GT N	180,00	Sie sparen weitere 15 Jahre bis zum 60. Lebensjahr.
FV	697.092,38	Mit dem 60. Lebensjahr besitzen Sie ein Vermögen von 697.092,38 €.
→ M	697.092,38	Sie speichern das Ergebnis im manuellen Speicher ab, um später schnell die Differenz der beiden Vermögen zu ermitteln.

 Ein beträchtliches Vermögen, über das Sie mit dem 60. Lebensjahr verfügen können.

Nun zum anderen Fall, wo die unerwarteten Beträge einfach ausgegeben wurden und somit nur 35 Jahre lang 200 € zur Anlage kamen.

Berechnung: 25. – 60. Lebensjahr

Eingabe	Display	Erklärung
12 GT PMT	12,00	Monatlicher Sparplan (12 Perioden im Jahr).
35 GT N	420,00	Sie sparen 35 Jahre lang.
9 GT PV	9,00	Der effektive Zins beträgt 9 %.
GT I/YR	8,65	Der nominale Zins beträgt umgerechnet 8,65 %.
0 PV	0,00	Sie zahlen keine Einmalanlage zu Beginn ein.
200 +/– PMT	– 200,00	Monatlich sparen Sie 200 €.
FV	538.728,93	Ergebnis: Nach 35 Sparjahren beträgt das Vermögen 538.728,93 €; Ergebnis im Display lassen.
+/– M +	– 538.728,93	Sie addieren das Endergebnis negativ mit dem schon im Speicher vorhandenen Betrag. Durch das negative Vorzeichen subtrahieren Sie das Ergebnis vom Kapital im Speicher.
RM	158.363,45	Sie fragen den manuellen Speicher ab.

Ergebnis: Die Differenz der beiden Vermögen beträgt 158.363,45 €. Wird von dieser Differenz die unerwarteten Zahlungen von 30.500 € abgezogen, so haben wir den Gewinn, der nur durch die unerwarteten Einmalzahlungen entstanden ist. Das sind 127.863,45 €, die Sie als Zinseszinsen durch das Sparen der unerwarteten Beträge mehr haben.

Hinweis

*Einige der vorhergehenden Rechenschritte begannen mit „*RCL FV + xxx*". Wenn Sie die Übung noch einmal rechnen, können Sie, solange das Ergebnis des letzten Schrittes noch zu sehen ist, auch sofort „+ xxx" eingeben, also den Betrag addieren, der als Einmalanlage zum letzten Zwischenstand, zum letzten Endergebnis (FV) dazu addiert wird.*

Wichtige Geldstrategien

Die entscheidende Botschaft lautet: Handeln Sie finanziell intelligent bei Geldentscheidungen. Prüfen Sie, ob eine Ausgabe unbedingt sein muss. Rechnen Sie sich mit dem Taschenrechner aus, welche Entscheidung die Bessere ist und welche Differenz zwischen den Vermögen liegt. So macht sparen langfristig mehr Spaß, als wenn Sie das Geld ausgeben und möglicherweise nur kurzfristig Freude mit Ihren gekauften Sachen haben.

Vorsicht Falle: Das „Gesparte Abschlussgebühr"-Verkaufsargument

Vor einiger Zeit saß ich mit Georg, einem guten Freund zusammen. Seit Jahren trainieren wir zusammen und zum Jahresende 2000 hatten wir uns zum Essen verabredet. Im Gespräch kamen wir dann auf seine eigene Finanzplanung und er erzählte mir eine Sache, auf die ich unbedingt eingehen möchte. Es geht darum, dass immer wieder einzelne Verbraucher sich für Bausparverträge, Lebensversicherungen oder Investmentfondssparpläne, abgeschlossen über einen Bekannten oder langjährigen Freund, entschließen, nur weil ihnen dieser Bekannte oder Freund die Abschlussgebühr erlässt. Auch Georg hatte so gehandelt und erst vor kurzem bei einem guten Freund einen Fondssparplan abgeschlossen.

Georgs Hauptargument war *„Der konnte mir auf den Ausgabeaufschlag 75 Prozent Rabatt einräumen."* Als mir Georg seine Geschichte erzählte, wurde mir klar, wie viel alltägliche Geldfallen auf Sie warten. Besonders dann, wenn Sie mangels Zeit nur wenig Geldkenntnisse haben (können). Was tatsächlich eine gesparte Abschlussgebühr bedeutet (oder auch nicht), sehen Sie an folgendem Beispiel. Diese Berechnung ist eine der wichtigen Gesetzesmäßigkeiten auf dem Weg zu Reichtum und Wohlstand. Beurteilen Sie Geldanlagen und auch die Leistung bei einer Finanzberatung nicht nach dem, was sie kostet, sondern danach, was eine Geldanlage oder eine Finanzberatung bringt. Merken Sie sich in diesem Zusammenhang folgende Erkenntnis:

Es gibt kaum eine Finanzdienstleistung, eine Beratung in Sachen Finanzen, die nicht irgendjemand ein wenig schlechter machen und dadurch billiger verkaufen kann. Geldanleger, die sich nur am Preis einer Sache, einer Finanzdienstleistung oder eines Finanzproduktes orientieren, werden die gerechte Beute dieser Machenschaften. Denken Sie stets daran: Es ist nicht besonders clever, zu viel zu bezahlen. Noch schlimmer ist es jedoch möglicherweise, zu wenig zu bezahlen. Ich möchte Ihnen das begründen: Wenn Sie zu viel bezahlen, dann verlieren Sie, geht die Sache schief, im Zweifel ein wenig Geld. Eben den Betrag, den Sie zu viel bezahlt haben. Zahlen Sie jedoch aus Geiz oder Unkenntnis zu wenig, dann verlieren Sie im Zweifel Ihr gesamtes Geld. Das Gesetz des Gewinns lässt nicht zu, dass Sie für wenig Geld viel Leistung erhalten. Entscheiden Sie sich stets für die vermeintlich günstigeren Varianten der Finanzdienstleistung und der Finanzberatung, tragen Sie stets das Risiko, dass Ihre finanziellen Pläne nicht aufgehen. Für dieses Risiko müssen Sie also etwas draufrechnen auf Ihre ursprüngliche Planung. Und wenn Sie das tun, dann können Sie sich von Beginn an für den höheren Preis und die bessere Leistung entscheiden. Denken Sie ab sofort stets daran: Nichts kostet in der Mehrzahl der Fälle nur eine Leistung, die ihren Preis ohnehin nicht wert ist.

K. Walter, amerikanischer Erfolgspsychologe

Jetzt zu dem bereits versprochenen Beispiel:

 BEISPIEL

Hans-Jörg verdient sehr gut und beabsichtigt, einen Aktienfondssparplan abzuschließen. Er möchte ab sofort monatlich rund 250 € investieren. Er geht zur Bank A und lässt sich beraten. Der Berater nimmt sich ausreichend Zeit, erklärt ausführlich die unterschiedlichen Fondsvarianten und empfiehlt zum Ende einen bestimmten Fonds. Hans-Jörg stellt die Frage, die ihm noch wichtig erscheint. Schließlich haben alle seinen Bekannten, die Ahnung von Geld haben, ihm geraten, diese Frage zu stellen. „Wie hoch ist der Ausgabeaufschlag?" „6 Prozent" entgegnet der Berater. „Ist da nichts mehr zu machen? Gibt es keinen Rabatt?" hakt Hans-Jörg nach. „Nein, den gibt es bei uns nicht." bestätigt der Berater. Das Gespräch endet und Hans-Jörg sucht einen weiteren Berater der B-Bank auf. Wieder lässt er sich ausführlich beraten und auch hier empfiehlt der Berater zum Ende einen international anlegenden Aktienfonds. „Wie hoch ist der Ausgabeaufschlag und gibt es bei Ihnen Rabatt?" will Hans-Jörg wiederum wissen. „Der Ausgabeaufschlag liegt bei 6 Prozent und Sie erhalten bei der von Ihnen geplanten Monatsrate einen Rabatt von 75 Prozent. Sie zahlen also lediglich 1,5 Prozent Ausgabeaufschlag." Als der Berater ihm dies anbietet, ist für Hans-Jörg alles klar. Der Fonds bei Bank B liegt zwar in den Ranglisten, die Hans-Jörg vorgelegt werden, einige Plätze hinter dem Fonds der Bank A, auf der anderen Seite liegt der Ausgabeaufschlag um 75 Prozent niedriger (Annahme: Alle anderen Gebühren wie Verwaltungsgebühr, Depotbankgebühr etc. sind gleich).

Exkurs Ausgabeaufschlag:

Bei der Anlage in einen Fonds werden in den meisten Fällen Gebühren beim Kauf von Fondsanteilen erhoben. Mit Ausnahme von so genannten No Load Fonds wird beim Kauf von Fondsanteilen ein Ausgabeaufschlag erhoben. Dieser Anteil der Aufwendungen zum Kauf eines Fondsanteils werden nicht für den Kunden angelegt, sondern fließen der Gesellschaft zu.

Ausgabeaufschläge werden als prozentualer Aufschlag auf den Preis eines Fondsanteils erhoben. Das heißt, die Summe, die vom Anleger gezahlt wird, besteht aus dem Anteilspreis [100 %] + Ausgabeaufschlag.

Möchten Sie den Ausgabeaufschlag bei der Berechnung von Fondsanlagen berücksichtigen, müssen Sie die Beträge, die für den Kunden angelegt werden, um den Ausgabeaufschlag verringern. Bei der Berechnung von Fondsanlagen ist Ihnen die Anlagesumme inklusive Ausgabeaufschlägen bekannt. Diese Summe setzt sich wie oben beschrieben zusammen:

$$\text{Bruttoeinzahlung} = \text{Nettoanlagebetrag} + \text{Nettoanlagebetrag} \cdot \frac{\text{Ausgabeaufschlag in \%}}{100}$$

Damit können Sie den Nettoanlagebetrag einer Fondsanlage wie folgt ermitteln:

$$\text{Nettoanlagebetrag} \cdot \frac{\text{Bruttoeinzahlung}}{1 + \frac{\text{Ausgabeaufschlag in \%}}{100}}$$

Nun wieder zurück zum Beispiel. Angenommen, der Fonds B der Bank B erzielt in den kommenden 15 Jahren durchschnittlich einen Zins von 10 Prozent effektiv. Bei einer monatlichen Einzahlung von 246,31 € (250 € abzüglich Ausgabeaufschlag 1,5 Prozent ; 250 : 1,015 = 246,31) kann das Vermögen nach 15 Jahren folgendermaßen errechnet werden.

 Berechnung

Eingabe	Display	Erklärung
12 GT PMT	12,00	Monatlicher Sparplan (12 Perioden im Jahr).
15 GT N	180,00	15 Jahre lang soll gespart werden.
10 GT PV	10,00	Der effektive Zins beträgt 10 %.
GT I/YR	9,57	Der nominale Zins beträgt umgerechnet 9,57 %.
0 PV	0,00	Er investiert keine zusätzliche Einmalanlage zu Beginn.
246,31 +/− PMT	− 246,31	Er zahlt 246,31 € monatlich in einen Aktienfonds.
FV	98.140,73	Nach 15 Jahren hat Hans-Jörg ein Kapital von 98.140,73 € gespart.

Bei der Bank B, die einen Ausgabeaufschlag von 1,5 Prozent verlangt, erreicht Hans-Jörg also ein Vermögen von 98.140,73 € (vgl. Display). Bei der Bank A, die von jeder Auszahlung 6 Prozent Ausgabeaufschlag einbehält, beträgt der monatlich zur Anlage kommende Betrag lediglich 235,85 € (250 € abzüglich Ausgabeaufschlag 6 Prozent; 250 € : 1,06 = 235,85). Jeden Monat behält Bank A also 10,46 € an Gebühren mehr als Bank B. Die entscheidende Frage ist nun: Wie hoch müsste der effektive, durchschnittliche Zins des Fonds A sein, damit Hans-Jörg trotz der höheren Abschlussgebühr am Ende ebenfalls über ein Vermögen von 98.140,73 € verfügt. Um den monatlich fälligen, um 4,5 Prozent höheren Ausgabeaufschlag auszugleichen, muss der Zins über 10 Prozent liegen. Mit den noch im Taschenrechner gespeicherten Angaben der vorigen Aufgabe können Sie schnell den notwendigen effektiven Zins errechnen.

Eingabe	Display	Erklärung
250 / 1,06	235,85	Der Ausgabeaufschlag ist ein „Aufschlag". Er ist also bereits in der geplanten Sparrate enthalten. Die Sparrate entspricht also 106 % bei 6 % Ausgabeaufschlag. Somit werden die 250 € durch 1,06 dividiert. Bei einem Ausgabeaufschlag von 5 % wäre der zur Anlage kommende Nettobetrag 250 dividiert durch 1,05 = 238,10 €.
+/– PMT	– 235,85	Er investiert 235,85 € monatlich in einen Aktienfonds.
I/YR	10,04	Der nominale Zins beträgt 10,04 %.
GT PV	10,52	Der effektive Zins beträgt umgerechnet 10,52 %.

Wenn der Fonds A der Bank A über die 15 Jahre geplante Anlagedauer effektiv 10,5 Prozent statt effektiv 10 Prozent erzielt, verfügt Hans-Jörg am Ende über ein gleich hohes Vermögen. Wenn der „teure" Fonds A jedoch sagen wir eine Wertentwicklung von effektiv 11,5 Prozent erzielt, wie hoch ist dann das Vermögen nach 15 Jahren? Auch hier können Sie mit den gespeicherten Angaben der vorigen Rechnungen weiterrechnen:

Eingabe	Display	Erklärung
11,5 GT PV	11,50	Der effektive Zins beträgt 11,5 %.
GT I/YR	10,93	Der nominale Zins beträgt umgerechnet 10,93 %.
FV	106.589,50	Das Vermögen nach 15 Jahren beträgt 106.589,50 €.

> *Ergebnis:* Das Ergebnis mit einem Zins von 11,5 Prozent liegt bei 106.589,50 €, immerhin 8.448,77 € mehr als Fonds B mit einem Zins von 10 Prozent. Noch gravierender wird es, wenn Sie das Ergebnis bei längerer Laufzeit vergleichen.

BEISPIEL

Gehen wir einmal von 25 Jahren Anlagedauer aus. Wiederum erzielt Hans-Jörg mit seinem Fondssparplan abgeschlossen bei Bank B einen Zins von effektiv 10 Prozent.

Berechnung

Eingabe	Display	Erklärung
12 GT PMT	12,00	Monatlicher Sparplan (12 Perioden im Jahr).
25 GT N	300,00	25 Jahre lang soll gespart werden.
10 GT PV	10,00	Der effektive Zins beträgt 10 %.
GT I/YR	9,57	Der nominale Zins beträgt umgerechnet 9,57 %.
0 PV	0,00	Er investiert keinen zusätzlichen Einmalbetrag zu Beginn.
246,31 +/– PMT	– 246,31	Er zahlt 246,31 € monatlich in einen Aktienfonds.
FV	303.780,26	Nach 25 Jahren hat Hans-Jörg ein Kapital von 303.780,26 € gespart.

Das Ergebnis beträgt rund 304.000 €. Wie hoch müsste der effektive, durchschnittliche Zins des Fonds A sein, damit Hans-Jörg trotz der höheren Abschlussgebühr am Ende ebenfalls über ein Vermögen von 304.000 € verfügt. Hier müssen Sie wiederum nur den Sparbetrag ändern und den Zins abfragen.

Wichtige Geldstrategien

Eingabe	Display	Erklärung
235,85 +/– PMT	–235,85	Er investiert 235,85 € monatlich in einen Aktienfonds.
I/YR	9,83	Der nominale Zins beträgt 9,83 %.
GT PV	10,28	Der effektive Zins beträgt umgerechnet 10,28 %.

 Wenn der Fonds A der Bank A über die 25 Jahre geplante Anlagedauer effektiv 10,28 Prozent statt effektiv 10 Prozent erzielt, verfügt Hans-Jörg am Ende über ein gleich hohes Vermögen. Wenn der „teure" Fonds A jedoch, sagen wir, effektiv 11,5 Prozent erzielt, so kann man wiederum auch hier mit dem Taschenrechner schnell das Ergebnis berechnen.

Eingabe	Display	Erklärung
11,5 GT PV	11,50	Der effektive Zins beträgt 11,5 %.
GT I/YR	10,93	Der nominale Zins beträgt umgerechnet 10,93 %.
FV	367.551,55	Das Vermögen nach 25 Jahren beträgt 367.551,55 €.

Ergebnis: Erzielt der Fonds A einen Zins von effektiv 11,5 Prozent, so liegt dieser 63.771,29 € über dem Vermögen aus Fonds B, der 10 Prozent erzielte.

Die Botschaft für finanziell intelligente Finanzplanung lautet: Eine gesparte Abschlussgebühr sollte kein alleiniges Anlagekriterium sein. Nicht der Preis (hier der Ausgabeaufschlag) für eine Geld-Dienstleistung entscheidet, sondern die gebotene Geldleistung. Wenn Sie wenig bezahlen und wenig bekommen, ist es schlechter, als wenn Sie viel bezahlen und viel bekommen. Das bedeutet nicht zwangsläufig, dass alle Fonds mit hohem Ausgabeaufschlag eine garantiert gute Leistung bieten. Es bedeutet jedoch: Achten Sie auf die Geldleistung, die Ihnen geboten wird.

Barwert – der bare Wert heute

Immer wieder höre ich in Seminaren vereinzelt Leute Dinge sagen wie „Pah, über so viele Jahre so ein kleiner Unterschied" oder „Pah, was soll das? Einige hundert Euro mehr oder weniger in X Jahren. Das macht es wohl auch nicht aus!" Wer so denkt, irrt gewaltig! **Die beste Methode, sich selbst bei in die Zukunft reichenden Geldentscheidungen eines Besseren zu belehren, ist die Betrachtung des so genannten BARWERTES. Also des baren Wertes heute. Das ist der Wert, den Sie sich selbst quasi heute ausbezahlen könnten.** *Das ist der Wert einer Zahlung in Zukunft, auf heute abgezinst.*

Ich meine im Besonderen damit, auf heute hinsichtlich der Kaufkraft abgezinst.

 BEISPIEL

Angenommen, jemand würde sich verpflichten, Ihnen in 30 Jahren bis 40 Jahren für irgendeine Dienstleistung, die Sie heute erbringen, Geld zu zahlen. Ihr Schuldner bietet Ihnen die beiden folgenden Geldgeschäfte an.

in 30 Jahren zahlt er   100.000 €
oder
In 40 Jahren zahlt er   160.000 €

Welches Angebot ist nun das bessere? In welchem Fall erhalten Sie unterm Strich mehr Geld von Ihrem Schuldner? Sie rechnen nach, welchen Wert beide Vermögen heute haben, bei einer Inflation von 4 Prozent.

 **Berechnung**

Eingabe	Display	Erklärung
1 GT PMT	1,00	Jährliche Inflation (1 Periode pro Jahr).
30 GT N	30,00	Den Betrag von 100.000 € würden Sie in 30 Jahren bekommen.
4 I/YR	4,00	Die jährliche Inflation beträgt 4 %.
0 PMT	0,00	Es werden keine regelmäßigen Zahlungen geleistet.
100000 FV	100.000,00	Nach 30 Jahren würden Sie 100.000 € erhalten.
PV	– 30.831,87	Der Betrag in 30 Jahren hätte einen heutigen Wert von rund 31.000 €.

 Nach 30 Jahren würden Sie also ein Betrag bekommen, der einem heutigen Wert von 30.831,87 € entspricht. Nun rechnen Sie aus, was der nach 40 Jahren ausgezahlte Betrag für einen heutigen Wert hat.

Eingabe	Display	Erklärung
40 GT N	40,00	Den Betrag von 160.000 € würden Sie in 40 Jahren bekommen.
160000 FV	160.000,00	Nach 40 Jahren würden Sie 160.000 € erhalten.
PV	– 33.326,25	Der Betrag in 40 Jahren hätte einen heutigen Wert von rund 33.000 €.

Ergebnis: In einem solchen Fall hilft die Betrachtung des Barwertes. Das ist der heutige Wert einer späteren Zahlung. Im Falle der Zahlung von 100.000 € in 30 Jahren beträgt der Barwert entsprechend unserer Berechnung rund 30.830 €. Im zweiten Fall, also der Zahlung von 160.000 € in 40 Jahren, beträgt der Barwert rund 33.330 €. Wählen Sie diese Variante, treffen Sie auf den heutigen Tag abgezinst die bessere Entscheidung.

BEISPIEL

Nach wie vor gehört die klassische Kapitallebensversicherung zu den häufig gewählten Geldanlagen. In vielen Fällen macht es wenig Sinn. In wenigen Fällen kann es viel Sinn machen. Oder aber die Leute entscheiden sich für die fondsgebundene Form der kapitalbildenden Lebensversicherung, die Fondspolice. Bei Auswahl der betreffenden Versicherungsgesellschaft orientieren sich Verbraucher und Geldanleger dabei immer wieder an der so genannten *Ablaufleistung*, also an dem Betrag, der am Ende der vereinbarten Laufzeit inklusive der bis dahin angesammelten Überschüsse ausbezahlt wird. Nehmen wir an, ein Kunde, 20 Jahre jung, wird seit Jahren von der Versicherungsagentur „SUPERSICHER" betreut, bei der auch schon sein Vater und sein Großvater versichert waren. Man hat nicht nur Kapitallebensversicherungen bei dieser Agentur abgeschlossen, sondern auch alle möglichen Sachversicherungen. Schon häufiger wurden kleinere wie auch zwei, drei größere Schäden sehr kulant geregelt. Dazu kommt: Stets war bei irgendwelchen Problemen ein Mitarbeiter dieser Agentur innerhalb kurzer Zeit zur Stelle. Es gab bislang keine Schwierigkeiten bei Abwicklung irgendwelcher Versicherungsangelegenheiten. Zudem gab es keine Lauferei, keinen langen Briefwechsel, nichts dergleichen. Nach dem Motto „Zeit ist Geld" ist dieser Rundum-Service somit auch einiges an Geld wert gewesen. Nun hat der 20-Jährige das Buch „FQ Finanzielle Intelligenz" gelesen. Er beschließt, die Zeit zu nutzen und ab sofort in eine Fondspolice zu sparen. Die Familienagentur „SUPERSICHER" macht ihm ein Angebot, bei dem in 35 Jahren – bei Einzahlung von monatlich 100 € – rund 220.000 € zur Auszahlung kommen (prognostizierte Ablaufleistung). Ein Freund rät ihm von dieser Entscheidung ab und rät zum Abschluss einer Fondspolice der Gesellschaft „Renditeturbo". Die prognostiziert bei gleichen Einzahlungen immerhin eine Ablaufleistung von 231.000 €, also 11.000 € mehr. Jetzt geht es um den Barwert, denn: Bei richtiger Betrachtung sind es keine 11.000 € Unterschied. Diese 11.000 € in 35 Jahren besitzen wahrscheinlich nicht mehr die gleiche Kaufkraft wie heute 11.000 €. Abgezinst über 35 Jahre auf heute mit einer angenommenen Inflation von 3 Prozent ergibt sich Folgendes:

Wichtige Geldstrategien

Berechnung

Eingabe	Display	Erklärung
1 GT PMT	1,00	Jährliche Inflation (1 Periode pro Jahr).
35 GT N	35,00	Es soll über 35 Jahre abgezinst werden.
3 I/YR	3,00	Die jährliche Inflation beträgt 3 %.
0 PMT	0,00	Es werden keine regelmäßigen Zahlungen geleistet.
11000 FV	11.000,00	Nach 35 Jahren erhalten Sie einen um 11.000 € höheren Betrag.
PV	3.909,22	Die Differenz von 11.000 € entspricht einem heutigen Wert von knapp 4.000 €.

Die alles entscheidende Botschaft lautet: Oftmals erweist sich eine hohe Differenz in Zukunft, bei zwei unterschiedlichen Anlagealternativen, als gar nicht allzu hoher Barwert. Und der ist entscheidend!

Ergebnis: In unserem Beispiel beträgt der Unterschied im Barwert knapp 4.000 €. Bei jeder Menge Unwägbarkeiten über all die geplanten Sparjahre, welcher Anbieter wirklich bessere Ergebnisse erzielt. Nun muss jeder selbst entscheiden, ob er wegen zunächst 4.000 € Barwert-Differenz eine ansonsten – wie in unserem Beispiel – langjährige Geschäftsbeziehung beendet. Dazu kommt: Die Ablaufleistungen sind nur zum Teil garantiert. Ein Teil ist prognostiziert, und letztlich bleibt abzuwarten, ob die Gesellschaft „Renditeturbo" tatsächlich so wirtschaftet wie prognostiziert.

Berechnung von Ratenkrediten

Kredite gehören in der heutigen Gesellschaft zu einer Selbstverständlichkeit. Man geht zur Bank und leiht sich Geld, das man später in festgelegten monatlichen Rate zurück zahlt. Doch Viele unterschätzen die Zahlungsverpflichtungen, die insbesondere bei Aufnahme gleich mehrerer Darlehen entstehen. Schließlich laufen die Kosten für den Lebensunterhalt, wie Miet- und Haushaltskosten, erbarmungslos weiter. Die Kreditsumme wird meist sofort für eine größere Anschaffung, etwa ein Auto, ausgegeben.

Die Schuldenfalle lauert: die Kreditrate erhöht die monatlichen Kosten und wir überziehen unser Konto – erst wenig, dann immer mehr. Das geht so lange, bis die Bank nicht keine weiteren Überziehungen zulässt und die Schulden jeweils in einen anderen Kredit umschichtet. Nun sind die Schulden auf dem laufenden Konto optisch verschwunden, aber es kommt mit dem neu umgeschichteten Kredit eine neue Annuität dazu, die später das Konto noch mehr überzieht. Das ist ein Kreislauf, der auf Dauer meist zur persönlichen Zahlungsunfähigkeit führt. Um diese Schuldenfalle zu umgehen, sollten Sie sich vor jeder Kreditaufnahme ein monatliches Haushaltsbudget aufstellen, in dem alle Kosten und Einnahmen gegenübergestellt sind und Sie sehen, ob die Einnahmen für eine zusätzliche Kreditrate hoch genug sind.

Mit Hilfe des Taschenrechners können Sie einen Ratenkredit, die wirkliche Belastung bei Inanspruchnahme eines Ratenkredits, gut berechnen.

 BEISPIEL

Sie nehmen einen Kredit von 10.000 € auf, bei dem Sie sich für eine vollständige Kredittilgung innerhalb von 8 Jahren entschieden haben. Wie hoch ist in diesem Fall die gleichbleibende, monatliche Annuität bei einem Zinssatz von nominal 9 Prozent, um den Kreditbetrag vollständig zu tilgen?

 **Berechnung**

Eingabe	Display	Erklärung
12 GT PMT	12,00	Monatliche Tilgungsrate (12 Perioden im Jahr).
8 GT N	96,00	In 8 Jahren (96 Monaten) soll die Kreditschuld vollständig beglichen sein.
9 I/YR	9,00	Der nominale Zins beträgt 9 %.
10000 PV	10.000,00	Sie erhalten zu Beginn einen Betrag von 10.000 € (in die Tasche = positives Vorzeichen).
0 FV	0,00	Nach 8 Jahren haben Sie den Kredit vollständig beglichen.
PMT	– 146,50	Sie müssen monatlich 146,50 € leisten, damit Sie die Schuld in 8 Jahren beglichen haben.

Ergebnis: Um den Kredit also vollständig abzubezahlen, müssen Sie monatlich 146,50 € an die Bank zahlen. Dabei gilt: Die 10.000 € multipliziert mit 9 Prozent ergeben einen Betrag von 900 € im Jahr (Zins) oder 75 € im Monat. Tatsächlich zahlen Sie jedoch eine regelmäßige Rate von 146,50 €. Die Differenz zwischen dem reinen Zinsanteil von 75 € und der gesamten monatlichen Rate von 146,50 € ist – Sie haben es sicherlich erraten – der anfängliche Tilgungsanteil. Insgesamt zahlen Sie für die 10.000 € Ratenkredit also 8 Jahre lang zusammen 146,50 x 12 Monate x 8 Jahre = 14.064 € an die Bank zurück. Auf den ersten Blick hat der Kredit Sie also 4.064 € an Zinsen gekostet.

Jetzt eine kleine Variante dieser Betrachtung: Wie teuer ist ein Ratenkredit wirklich?

BEISPIEL

Angenommen, Sie hätten sich für die 10.000 € ein Auto gekauft. Wie teuer wäre der Wagen wirklich gewesen? Diesen Vergleich können Sie anhand eines Anlageproduktes durchführen. Nehmen Sie an, Sie hätten den Kredit nicht aufgenommen und dafür die monatliche Annuität in einen Investmentfonds mit einer angenommenen Wertentwicklung von effektiv 6, 8, 10, 12, oder 14 Prozent angelegt.

Berechnung

Eingabe	Display	Erklärung
12 GT PMT	12,00	Monatliche Annuität (12 Perioden im Jahr).
8 GT N	96,00	8 Jahre lang wird die Annuität gezahlt.
6 GT PV	6,00	Der effektive Zins des Investmentfonds beträgt 6 %.
GT I/YR	5,84	Der nominale Zins beträgt umgerechnet 5,84 %.
0 PV	0,00	Zu Beginn wird keine Einmalanlage geleistet.
146,5 +/− PMT	− 146,50	Die monatliche Annuität, die Sie für den Ratenkredit zahlen müssten, legen Sie in einen Investmentfonds an.
FV	17.873,21	Ergebnis: Nach 8 Jahren haben Sie ein Vermögen von 17.873,21 erreicht.

Würde der Investmentfonds effektiv 6 Prozent Zins erreichen, so hätte Ihr Auto 17.873,21 € gekostet. Nun können Sie noch mit einem Zins von effektiv 8 Prozent rechnen. Dazu sind nur zwei Werte zu verändern – der effektive und nominale Zins.

Eingabe	Display	Erklärung
8 GT PV	8,00	Der effektive Zins des Investmentfonds beträgt 8 %.
GT I/YR	7,72	Der nominale Zins beträgt umgerechnet 7,72 %.
FV	19.375,30	Mit einem effektiven Zins von 8 % hätten Sie ein Vermögen von 19.375,30 € erreicht.

Mit einem effektiven Zins von 8 Prozent hätte das Auto 19.375,30 € gekostet. Nun zum Zins von 10 Prozent. Versuchen Sie es vorher einmal selbst zu lösen, und vergleichen danach das Ergebnis.

Eingabe	Display	Erklärung
10 GT PV	10,00	Der effektive Zins des Investmentfonds beträgt 10 %.
GT I/YR	9,57	Der nominale Zins beträgt umgerechnet 9,57 %.
FV	21.009,88	Mit einem effektiven Zins von 10 % hätten Sie ein Vermögen von 21.009,88 € erreicht.

Bei einem effektiven Zins von 10 Prozent, hätte das Auto rund 21.000 € gekostet. Versuchen Sie das Vermögen für einen Zins von 12 und 14 Prozent zu errechnen. Haben Sie bei den vorigen Aufgaben gut mitgerechnet, so ist es nun eine gute Übung zu prüfen, ob Sie diese Vergleichsrechnungen durchführen können. Schauen Sie erst später auf die nun folgenden Ergebnisse.

Ergebnis: 12 Prozent = 22.787,79 €
14 Prozent = 24.720,61 €
Hätten Sie also 8 Jahre mit dem Autokauf gewartet und das Geld, was Sie für eine Annuität gezahlt hätten, gespart, so hätten Sie sich vielleicht ein doppelt so teures Auto leisten können. Die Inflation bleibt hier außen vor.

BEISPIEL

Sie können die Berechnung für Kredite auch anders durchführen. Wenn Sie zum Beispiel wissen möchten, wie viel Sie nach 6 Jahren abbezahlt haben und wie hoch die Restschuld ist, dann verändern Sie einfach nach Berechnung der 146,50 € monatlicher Ratenhöhe die Jahreszahl über beispielsweise 6 GT N und fragen das Ergebnis über FV ab.

 Berechnung

Eingabe	Display	Erklärung
12 GT PMT	12,00	Monatliche Tilgungsrate (12 Perioden im Jahr).
6 GT N	72,00	Sie möchten die Restschuld nach 6 Jahren abfragen.
9 I/YR	9,00	Der nominale Zins beträgt 9 %.
10000 PV	10.000,00	Sie bekommen zu Beginn einen Betrag von 10.000 € (in die Tasche rein = positives Vorzeichen).
146,5 +/− PMT	− 146,50	Als monatliche Annuität müssen Sie 146,50 € an die Bank zahlen, um den Kredit in 8 Jahren abzubezahlen.
FV	3.207,00	Nach 6 Jahren haben Sie noch eine Restschuld von 3.207 €.

Die entscheidende Botschaft lautet: Ratenkredite sind teure Kredite. Wer mittels Ratenkredite seinen Konsum (und wenn auch nur einen Teil) finanziert, handelt finanziell nicht besonders intelligent. Daher gilt: Meiden Sie jede Form von Ratenkrediten, sofern möglich. Widerstehen Sie den verlockenden Angeboten mit Slogans wie „Sie leben, wir zahlen" oder so ähnlich.

Wichtige Geldstrategien

Staatliche Förderung intelligent nutzen

Nun zu geschenktem Geld, was viele kennen, aber nicht annehmen wollen. Es handelt sich um Vermögenswirksame Leistungen (kurz VL genannt), die jeder Arbeitnehmer von seinem Arbeitgeber fordern kann, soweit es im Tarifvertrag festgelegt ist. Je nach Branche wird unterschiedlich viel gezahlt. Meist liegt dieser Betrag bei monatlich 6,65 €, 13,29 €, 19,94 €, 26,59 € oder 40,00 €. Den Rest sollte jeder Arbeitnehmer selbstständig auf 40 € beim Bausparen und auf 34 € beim Fondssparen aufstocken, um die volle Prämie vom Staat zu bekommen. Der Staat zahlt eine jährliche Prämie auf die eingezahlten Beträge, wenn das zu versteuernde Jahreseinkommen des Arbeitnehmers als Alleinstehender 17.900 € bzw. als Verheirateter 35.800 € nicht überschreitet. Bei Bausparverträgen gibt der Staat jährlich 10 Prozent (höchstens 48 €) dazu, beim Fondssparen sind es sogar in den alten Bundesländern 20 Prozent (höchstens 81,60 €) und in den neuen Bundesländern 25 Prozent (höchstens 102 €). Der Vertrag muss mindestens sechs Jahre laufen und danach ein Jahr ruhen, bis der Arbeitnehmer über den gesparten Betrag verfügen kann.

Es hört sich komplizierter an, als es ist: Sie prüfen Ihr Jahreseinkommen, ob es unter 17.900 € (bei Alleinstehenden) oder 35.800 (bei Eheleuten) liegt. Ist es unter dieser Grenze, erkundigen Sie sich beim Arbeitgeber, wie viel er Ihnen zahlt. Danach suchen Sie sich einen VL-zertifizierten Investmentfonds oder ein Bausparprodukt aus und fordern bei der Gesellschaft den VL-Vertrag an. Diesen füllen Sie aus und geben als Sparbeitrag den Arbeitgeberbetrag plus ihre freiwillige Sparleistung an. Danach reichen Sie diesen beim Arbeitgeber zur Unterschrift ein und schicken ihn an die jeweilige Gesellschaft des ausgewählten Produkts. Den Rest erledigt das Unternehmen. Nach der Bestätigung, die Sie erhalten, erscheint auf Ihrem Lohnstreifen der VL-Beitrag. Die Bestätigung der Gesellschaft über die Einzahlungen des Betrags muss der Einkommenserklärung beigefügt werden, um die staatliche Prämie zu erhalten.

BEISPIEL

Nun aber zu der Berechnung eines VL-Sparplans mit dem Taschenrechner. Im folgenden Beispiel wird ein VL-Sparplan mit einem Investmentfonds beschrieben, der eine angenommene Wertentwicklung von effektiv 10 Prozent hat. Hier übernimmt der Arbeitgeber den gesamten Betrag von 40 €. Der Arbeitnehmer zahlt also auch nicht mehr ein. Die Sparzulage beträgt somit 20 Prozent jährlich auf die eingezahlten Beiträge. Hier müssen Sie jedes Jahr einzeln rechnen, da nach jedem Jahr die einmalige staatliche Prämie gezahlt wird.

Hinweis: Im Folgenden wird zu den jährlichen Einzahlungen ein Betrag von 81,60 € addiert. Das sind 20 Prozent Förderung vom Staat, die von den gesamten jährlichen Einzahlungen berechnet wird. Da hier 40 € pro Monat, also jährlich 480 €, gezahlt wird und 20 Prozent von 480 € eine staatliche Förderung von 96 € wären, wird hier nur der maximale Förderbetrag von 81,60 € vom Staat gezahlt.

Berechnung: 1. Jahr

Eingabe	Display	Erklärung
12 GT PMT	12,00	Monatlicher Sparplan (12 Perioden im Jahr).
1 GT N	12,00	Berechnung für das erste Jahr, also die ersten 12 (Display) Monate.
10 GT PV	10,00	Der effektive Zins beträgt 10 %.
GT I/YR	9,57	Der nominale Zins beträgt umgerechnet 9,57 %.
0 PV	0,00	Er zahlt leistet keine zusätzliche Einmalanlage zu Beginn.
40 +/− PMT	− 40,00	Im ersten Jahr investiert er monatlich 40,00 € in den Aktienfondssparplan.
FV	501,62	Nach einem Jahr hat er ein Kapital von 501,62 € aufgebaut; Ergebnis im Display lassen.
+ 81,6 = +/− PV	− 583,22	Das Ergebnis nach dem ersten Jahr + Maximalprämie vom Staat wird als Einmalanlage ins neue Jahr gespeichert.

Nun kennen Sie den Betrag nach einem Jahr. Da der Sparbeitrag jedes Jahr gleich bleibt, brauchen Sie nur das Endergebnis abfragen, die staatliche Prämie hinzu addieren und den Wert mit Minus-Vorzeichen ins nächste Jahr abspeichern. Diese Folge können Sie bis zum 6. Jahr rechnen. Im 7. Jahr bleibt Kapital liegen.

Berechnung: 2. – 6. Jahr

Eingabe	Display	Erklärung
FV	1.143,17	Nach 2 Jahren hat er ein Kapital von 1.143,17 € aufgebaut; Ergebnis im Display lassen.
+ 81,6 = +/– PV	– 1.224,77	Das Ergebnis nach dem 2. Jahr + Maximalprämie vom Staat wird als Einmalanlage ins 3. Jahr gespeichert.
FV	1.848,86	Nach 3 Jahren hat er ein Kapital von 1.848,86 € aufgebaut; Ergebnis im Display lassen.
+ 81,6 = +/– PV	– 1.930,46	Das Ergebnis nach dem 3. Jahr + Maximalprämie vom Staat wird als Einmalanlage ins vierte Jahr gespeichert.
FV	2.625,13	Nach 4 Jahren hat er ein Kapital von 2.625,13 € aufgebaut; Ergebnis im Display lassen.
+ 81,6 = +/– PV	– 2.706,73	Das Ergebnis nach dem 4. Jahr + Maximalprämie vom Staat wird als Einmalanlage ins 5. Jahr gespeichert.
FV	3.479,03	Nach 5 Jahren hat er ein Kapital von 3.479,03 € aufgebaut; Ergebnis im Display lassen.
+ 81,6 = +/– PV	– 3.560,63	Das Ergebnis nach dem 5. Jahr + Maximalprämie vom Staat wird als Einmalanlage ins 6. Jahr gespeichert.
FV	4.418,31	Nach 6 Jahren hat er ein Kapital von 4.418,31 € aufgebaut; Ergebnis im Display lassen.
+ 81,6 = +/– PV	– 4.499,91	Das Ergebnis nach dem 6. Jahr + Maximalprämie vom Staat wird als Einmalanlage ins 7. Jahr gespeichert.

Nun kennen wir das Ergebnis nach dem letzten Jahr, in dem unser Sparer seine Monatsbeiträge zahlt. Nun muss er das Geld ein Jahr liegen lassen, um danach darüber verfügen zu können. In diesem Jahr wird auch keine Prämie vom Staat gezahlt. Im Taschenrechner müssen Sie somit die Sparrate löschen und nur noch das Ergebnis abfragen.

Berechnung: 7. Jahr

Eingabe	Display	Erklärung
0 PMT	0,00	Er leistet im 7. Jahr keine Zahlungen mehr.
FV	4.949,90	Er erhält eine Zahlung von 4.949,90 € aus dem Fonds.

Hinweis: Bei den letzten beiden Schritten wurde, obwohl es sich nur noch um eine Einmalzahlung handelt, nicht auf eine Periode pro Jahr (1 GT PMT) umgestellt, sondern mit der Vorgabe der vorherigen Rechenschritte (12 Perioden pro Jahr) weitergerechnet. Sie fragen sich möglicherweise, ob das jetzt errechnete Ergebnis in Höhe von 4.949,90 € dem Ergebnis entspricht, was herauskäme, wenn Sie bei diesem letzten Schritt auf den Zahlungsrhythmus von einer Periode im Jahr umstellen. Im Folgenden dazu die entsprechenden Rechenschritte, ausgehend von den 4.499,91 € zum Ende des sechsten Jahres.

Eingabe	Display	Erklärung
1 GT PMT	1,00	Es wird mit einer Zahlungsperiode gerechnet.
1 GT N	1,00	Es wird das siebte Jahr errechnet.
10 GT PV	10,00	Der effektive Zins liegt bei 10 %.
GT I/YR	10,00	Der nominale Zins beträgt umgerechnet 10,00 %. Dieser ist identisch mit dem effektiven Zins, da mit einer Zahlungsperiode pro Jahr gerechnet wird.
4499,91 +/− PV	− 4.499,91	Es wird das Endergebnis des 6. Jahres als Einmalanlage ins 7. Jahr gespeichert.
0 PMT	0,00	Monatlich zahlt er keinen Betrag im 7. Jahr.
FV	4.949,90	Er erhält 4.949,90 € aus dem Fonds.

Ergebnis: Ob man mit 12 Perioden im Jahr und effektiv 10 Prozent, nominal also 9,57 Prozent, rechnet oder einer Periode im Jahr und 10 Prozent nominal (entspricht bei einer Periode im Jahr 10 Prozent effektiv), spielt keine Rolle. Dieses einfache Beispiel ist im Übrigen ein guter Beweis dafür, dass finanzielle Intelligenz auch damit zu tun hat, die verschiedenen Wege zu einer möglichen Lösung zu erkennen. Zurück zu unserem Fall:
Die Person in unserem Beispiel hat somit, ohne einen Betrag selber zu bezahlen (Steuern und Sozialversicherungsabgaben bei der Einzahlung ausgenommen) 4.949,90 € geschenkt bekommen. Nur durch ein wenig Arbeit kann man so viel Geld nach sieben Jahren ausgezahlt bekommen.

Die alles entscheidende Botschaft lautet: Das Sparen über VL bringt Ihnen für wenig Arbeit viel Geld. Nutzen Sie also die Chance, investieren die „Arbeit", und suchen Sie das Gespräch mit Ihrem Chef. Am besten, Sie gehen noch morgen zu Ihrem Arbeitgeber und fragen nach Vermögenswirksamen Leistungen, sofern Sie diese Möglichkeit nicht ohnehin ausschöpfen.

Bei größeren Unternehmen brauchen Sie die oben genannten notwendigen Schritte nicht mehr selbst zu tätigen. Dort wird oft von den Personalabteilungen alles Erforderliche übernommen. Doch wer sich selbst drum kümmert, hat die Kontrolle, dass die VL-Zahlungen auch wirklich in leistungsstarke Geldanlagen (Beispiel: Aktienfonds) fließen.

Berechnung dynamischer Sparpläne

Bei dynamischen Berechnungen kommt der kleine Finanztaschenrechner HP 10 B II nah an seine Grenzen.

BEISPIEL

Nehmen wir an, jemand möchte über 20 Jahre hinweg monatlich sparen, beginnend mit 200 €. Er möchte die Sparrate jedes Jahr um 5 Prozent erhöhen. Er spart in ein Anlageprodukt mit 6,5 Prozent effektivem Zins. Da sich nach jedem Jahr der Sparbetrag ändert, müssen Sie in Dynamik-Rechnungen jedes Jahr einzeln berechnen.

Berechnung: 1. Jahr

Eingabe	Display	Erklärung
12 GT PMT	12,00	Monatlicher Sparplan (12 Perioden im Jahr).
1 GT N	12,00	Sie müssen jedes Jahr einzeln berechnen.
6,5 GT PV	6,50	Der effektive Zins beträgt 6,5 %.
GT I/YR	6,31	Der nominale Zins beträgt umgerechnet 6,31 %.
0 PV	0,00	Zu Beginn zahlt er keine Einmalanlage.
200 +/- PMT	– 200,00	Monatlich spart er im 1. Jahr 200 €.
FV	2.470,69	Nach einem Jahr verfügt er über ein Vermögen von 2.470,69 €.

Nach einem Jahr ist das Vermögen auf knapp 2.500 € angewachsen. Nun soll sich der Sparbetrag um 5 Prozent erhöhen. 200 € plus 5 Prozent sind 210 €, die er nun in das Anlageprodukt einzahlt. Nun brauchen Sie nur noch den Sparbetrag zu ändern und den Endbetrag aus dem ersten Jahr als Einmalanlage in das zweite Jahr zu speichern.

Berechnung: 2. Jahr

Eingabe	Display	Erklärung
RCL FV +/− PV	− 2.470,69	Sie rufen das aus dem 1. Jahr zurück ins Display und speichern es mit negativem Vorzeichen als Einmalanlage.
RCL PMT +/−	200,00	Sie rufen das des 1. Jahres ins Display zurück; Ergebnis im Display stehen lassen.
+ 5 % = +/− PMT	− 210,00	Sie addieren 5 % auf den Sparbeitrag des 1. Jahres.
FV	5.225,50	Nach 2 Jahren verfügt er über ein Vermögen von 5.225,50 €.

 Im nächsten Jahr müssen Sie wieder 5 Prozent auf den Sparbeitrag rechnen. Das ergibt: 210 + 5 Prozent = 220,50 €. In den nächsten Schritten ist die Lösung bis in das 5. Jahr vorgegeben. Versuchen Sie ab dort selber weiter zu rechnen.

 Berechnung: 3. − 5. Jahr

Eingabe	Display	Erklärung
RCL FV +/− PV	− 5.225,50	Sie rufen das Ergebnis aus dem 2. Jahr zurück ins Display und speichern es mit negativem Vorzeichen als Einmalanlage.
RCL PMT +/−	210,00	Hiermit rufen Sie die Höhe der monatlichen Rate des Vorjahres ab. Dann ändern Sie das Vorzeichen; Ergebnis im Display lassen.
+ 5 % = +/− PMT	− 220,50	Nun spart er im 3. Jahr monatlich 220,50 €.
FV	8.289,09	Nach 3 Jahren verfügt er über ein Vermögen von 8.289,09 €; Ergebnis im Display lassen.
+/− PV	− 8.289,09	Sie speichern das Ergebnis nach 3 Jahren als Einmalanlage ins 4. Jahr.

RCL PMT +/−	220,50	Hiermit rufen Sie die Höhe der monatlichen Rate des Vorjahres ab. Dann ändern Sie das Vorzeichen – Ergebnis im Display lassen.
+ 5 % = +/− PMT	− 231,53	Im 4. Jahr spart er 231,53 €.
FV	11.688,01	Nach dem 4. Jahr haben Sie ein Vermögen von 11.688,01 € erreicht; Ergebnis im Display lassen.
+/− PV	− 11.688,01	Sie speichern das Ergebnis nach 4 Jahren als Einmalanlage ins 5. Jahr.
RCL PMT +/−	231,53	Hiermit rufen Sie die Höhe der monatlichen Rate des Vorjahres ab. Dann ändern Sie das Vorzeichen; Ergebnis im Display lassen.
+ 5 % = +/− PMT	− 243,10	Diesen Betrag haben Sie jetzt über die Eingabenreihenfolge wieder als monatliche Einlage für den nächsten Zahlungszeitraum festgelegt.
FV	15.450,87	Nach 5 Jahren haben Sie ein Vermögen von 15.450,87 € erreicht.

Führen Sie diese Schritte weiter durch, und versuchen Sie das Ergebnis nach 20 Jahren zu errechnen.

Nach 20 Jahren hat der Anleger ein Vermögen von 143.357,06 € erreicht. Falls Sie dieses Ergebnis nicht errechnet haben, rechnen Sie einfach diesen Fall noch einmal. Wenn Sie eine kleine Abweichung haben, so liegt es an der Rundung der Zahlen. Die letzte Rate, also im 20. Jahr beträgt 505,39 €.

Wichtiger Hinweis

Was mit dem HP 10 B II nicht oder nur sehr begrenzt möglich ist, ist das Ausrechnen des Zinses eines vorgegebenen Sparplanes mit dynamischen Einzahlungen. Wenn also der Zins eines Sparplanes gesucht ist, bei dem jemand beispielsweise 5 Jahre monatlich 200 € einzahlt, dann 3 Jahre jeweils zum Jahresende 1.000 € entnimmt, dann monatlich 450 € einzahlt, und nach 15 Jahren erhält er am Ende 100.000 € – stößt der HP an seine Grenzen!

Geldeinstellung & Geldpsychologie

Anlage von „Spaßgeld"

 BEISPIEL

Am 31. Mai 2001 führte ich an der Realschule Karthause in Koblenz einen Geldunterricht mit 25 Schülerinnen und Schüler durch. Hierbei erlebte ich, wie schon bei mehreren Geldunterrichten zuvor, überraschende und spannende Erlebnisse der Schüler im Umgang mit Geld. Diese sollten einmal ihre Ausgaben von so genannten Spaßgeldern der letzten 3 Jahre notieren. Spaßgelder sind Ausgaben für Güter, die kurzfristig Spaß machen, aber danach nicht mehr gebraucht werden. Die Jugendlichen nannten mir folgende verblüffende Zahlen:

Name	Alter	Spaßgeld
Daniel	17 Jahre	3.500 €
Florian	17 Jahre	2.000 €
Christoph	16 Jahre	1.000 €
Markus	17 Jahre	2.500 €
Maria	18 Jahre	2.000 €
Olga	18 Jahre	3.000 €
Janin	17 Jahre	5.000 €

Errechnen Sie nun den Endbetrag, den man bei Anlage der Spaßgelder nach 40 Jahren erreichen kann, bei einer angenommen Wertentwicklung von 10 Prozent.

 **Berechnung:**

Hier die Lösung für Daniel:

Eingabe	Display	Erklärung
1 GT PMT	1,00	Einmal jährliche Wertsteigerung.
40 GT N	40,00	40 Jahre lang soll das Spaßgeld angelegt werden.
10 I/YR	10,00	Der nominale Zins beträgt 10 %. Dieser ist gleich dem effektiven Zins, da nur eine jährliche Wertsteigerung erfolgt.
3500 +/– PV	–3.500,00	Das Spaßgeld wird einmalig zu Beginn angelegt.
0 PMT	0,00	Es sollen keine regelmäßigen Zahlungen erfolgen.
FV	158.407,39	Nach 40 Jahren ist das Kapital von 3.500 € auf 158.407,39 € angewachsen.

 Für die anderen Schüler ist nur eine Zahl im Taschenrechner zu ändern.

Hier die Lösung für Florian:

Eingabe	Display	Erklärung
2000 +/– PV	–2.000,00	Das Spaßgeld wird einmalig zu Beginn angelegt.
FV	90.158,51	Nach 40 Jahren ist das Kapital von 2.000 € auf 90.518,51 € angewachsen.

Es änderte sich nur eine Variable, nämlich die des Anfangskapitals. Um sicher zu sein, dass auch alle anderen Angaben noch korrekt im Taschenrechner gespeichert sind, können Sie mit RCL und danach eine der Speichertasten wie I/YR oder PMT die Richtigkeit überprüfen. Für die weiteren Schülerinnen und Schüler wiederholen Sie den Schritt von Florian mit den entsprechenden Spaßgeldern der Mitschüler.

Ergebnis:

Name	Alter	Spaßgeld	Endbetrag
Daniel	17 Jahre	3.500 €	158.407,39 €
Florian	17 Jahre	2.000 €	90.158,51 €
Christoph	16 Jahre	1.000 €	_____
Markus	17 Jahre	2.500 €	_____
Maria	18 Jahre	2.000 €	_____
Olga	18 Jahre	3.000 €	_____
Janin	17 Jahre	5.000 €	_____

Die Botschaft lautet: Vor dem Kauf eines Produktes, das gerade „In" ist, fragen Sie sich, ob Ihnen das wirklich etwas bringt oder ob die Freude nur von kurzer Dauer ist. Schlafen Sie vielleicht eine Nacht darüber und überlegen diese Investition noch einmal. Sparen Sie das Geld, was Sie für das „Nichtkaufen" der Dinge behalten haben in einem international investierten Aktienfonds. Es ist einfach ein schönes Gefühl, nach ein paar Jahren auf das Konto/Depot zu schauen und seine nichtgekauften Sachen als ein paar Tausend Euro dort zu sehen. Rechnen Sie sich mit dem HP 10 B öfter aus, was Sie für ein Vermögen aufbauen könnten, wenn Sie auf diese Güter verzichten. So fällt es Ihnen leichter, aus Spaßgeldern Spargelder zu machen.

Der richtige Einstiegszeitpunkt

Im Folgenden möchte ich Ihnen anhand von Beispielen zeigen, warum die Auswahl der richtigen Einstiegszeitpunkte nicht sehr relevant ist und wieso Sie als Geldanleger in Investmentfonds auch in Zeiten sinkender Aktienkurse (damit auch sinkender Kurse von in Aktien investierender Fonds) beruhigt in Fonds investieren können. Immer wieder fragen mich in schlechten Börsenzeiten Seminarteilnehmer, ob sie nicht besser auf den richtigen Einstiegszeitpunkt warten sollen. Oder sie erkundigen sich, ob ich als Finanztrainer wisse, wann die Börsenkurse wieder steigen würden. Das weiß ich auch nicht, doch ich weiß, wieso diese Frage unwichtig ist und verrate es Ihnen mit folgendem Beispiel.

BEISPIEL 1: 28 Jahre Sparplan, 200 €

Bei diesem Sparplan beginnen Sie noch heute, in einen von Ihnen ausgewählten Fonds zu investieren. Die Börsensituation ist zwar nicht ganz so rosig, doch Sie sind sicher, dass es der richtige Zeitpunkt ist. Obwohl letzte Zweifel bleiben, legen Sie los. In den nächsten drei Jahren, während Sie sparen, sinken die Börsenkurse weiter. Ihr Investmentfonds, in den Sie regelmäßig sparen, sinkt ebenfalls im Kurs. Jahr für Jahr über die ersten drei Jahre.

1. Jahr   minus 30 Prozent
2. Jahr   minus 30 Prozent
3. Jahr   minus 50 Prozent
25 Jahre   plus 9 Prozent (effektiv)

Legen Sie nun das Buch einmal zur Seite und versuchen Sie selbst mit dem Taschenrechner auszurechnen, welches Vermögen Sie nach 28 Jahren zusammengespart hätten.

 Berechnung: 1. und 2. Jahr

Eingabe	Display	Erklärung
12 GT PMT	12,00	Monatlicher Sparplan (12 Perioden im Jahr).
2 GT N	24,00	Die ersten beiden Sparjahre haben 24 Monate.
30 +/− GT PV	− 30,00	Der effektive Zins beträgt in den beiden Jahren minus 30 %.
GT I/YR	− 35,14	Der nominale Zins beträgt umgerechnet minus 35,14 %.
0 PV	0,00	Sie leisten keine zusätzliche Einmalanlage zu Beginn.
200 +/− PMT	− 200,00	Monatlich sparen Sie 200 € (aus der Tasche raus = Minus-Vorzeichen).
FV	3.482,95	Nach zwei schlechten Börsenjahren beträgt das Vermögen 3.482,95 €.

 **Berechnung**

Weiter geht es mit dem 3. Jahr:

Eingabe	Display	Erklärung
1 GT N	12,00	Das 3. Sparjahr hat 12 Monate.
50 +/− GT PV	− 50,00	Der effektive Zins beträgt im 3. Jahr minus 50 %.
GT I/YR	− 67,35	Der nominale Zins beträgt umgerechnet minus 67,35 %.
RCL FV	3.482,95	Sie rufen das Endergebnis der ersten beiden Sparjahre ins Display zurück.
+/− PV	− 3.482,95	Sie rechnen mit dem Ergebnis der ersten beiden Sparjahre weiter und investieren dieses sozusagen als Einmalanlage (aus der Tasche raus = Minus-Vorzeichen).
RCL PMT	− 200,00	Sie prüfen, ob Ihr Sparbetrag von 200 € weiterhin im Speicher des Taschenrechner vorhanden ist. Steht dort ein anderer Wert, so geben Sie noch einmal 200 +/− PMT ein.
FV	3.523,19	Nach drei schlechten Börsenjahren beträgt das Vermögen 3.523,19 €.

Berechnung

Die ersten drei Jahre sind abgebildet, es folgen nun 25 angenommen positive Jahre:

Eingabe	Display	Erklärung
25 GT N	300,00	Sie sparen weitere 25 Jahre (= 300 Monate).
9 GT PV	9,00	Der effektive Zins beträgt durchschnittlich in 25 Jahren 9 %.
GT I/YR	8,65	Der nominale Zins beträgt umgerechnet 8,65 %.
RCL FV	3.523,19	Sie rufen das Endergebnis der ersten 3 Sparjahre ins Display zurück.

Geldeinstellung & Geldpsychologie

+/- PV	- 3.523,19	Sie rechnen mit dem Ergebnis der ersten 3 Sparjahre weiter und investieren dieses sozusagen wieder als Einmalanlage (aus der Tasche raus = Minus-Vorzeichen).
RCL PMT	- 200,00	Sie prüfen, ob Ihr Sparbeitrag von 200 € weiterhin im Speicher des Taschenrechner vorhanden ist. Steht dort ein anderer Wert, so geben Sie noch einmal 200 +/- PMT ein.
FV	241.917,83	Ergebnis: Nach 28 Jahren beträgt das Vermögen 241.917,83 €.

Stopp Nach insgesamt 28 Jahren würde Ihr Ergebnis wie folgt lauten: Ihr Vermögen wäre auf rund 240.000 € angewachsen, Ihre Einzahlungen im gesamten Zeitraum lagen bei lediglich 67.200 € (= 28 Jahre x 12 Monate x 200 € Sparrate). Jetzt kommt die entscheidende Frage: „Wie hoch ist der Zins des Sparplans über die gesamte Laufzeit?" Auch das können Sie mit dem Taschenrechner schnell ausrechnen. Versuchen Sie sich einmal zuerst selbst und schauen dann auf die Lösung.

Eingabe	Display	Erklärung
28 GT N	336,00	Die gesamte Spardauer beträgt 28 Jahre, somit 336 Monate.
0 PV	0,00	Zu Beginn des gesamten Sparplans leisten Sie keine Einmalanlage.
RCL PMT	- 200,00	Sie prüfen, ob Ihr Sparbeitrag von 200 € weiterhin im Speicher des Taschenrechner vorhanden ist. Steht dort ein anderer Wert, so geben Sie noch einmal 200 +/- PMT ein.
RCL FV	241.917,83	Sie prüfen, ob das Endergebnis von 241.917,83 € noch korrekt in FV gespeichert ist.
I/YR	7,83	Sie fragen den nominalen Zinssatz ab. Dieser liegt bei 7,83 %.
GT PV	8,12	Sie fragen den effektiven Zins ab. Dieser ist mit 8,12 % ein wenig höher als der nominale Zins.

Ergebnis: Der durchschnittliche Zins dieses Sparplans würde, trotz der anfänglich hohen Verluste über die ersten drei Jahre, bei immer noch rund 8 Prozent liegen. Kommen wir nun zu Fall 2 und vergleichen die Zahlen.

BEISPIEL 2

Mike Besserwisser, wartet den richtigen Einstieg ab

1. Jahr   wartet ab, spart nicht
2. Jahr   wartet ab, spart nicht
3. Jahr   wartet ab, spart nicht
4. Jahr   denkt: „Ob das mal gut geht"
5. Jahr   sagt: „Nächstes Jahr lege ich los"

Die Frage lautet nun, wie viel Mike Besserwisser monatlich in den verbleibenden 23 Jahren sparen muss, um auf das Endergebnis von 241.917,83 € zu kommen, die Sie erreicht haben. Er spart in den selben Investmentfonds wie Sie ein, bei einer angenommen Wertentwicklung von effektiv 9 Prozent.

Geben Sie nun die Werte, die Sie genau kennen, in den Taschenrechner ein: monatliche Sparweise 23 Jahre! Versuchen Sie wieder einmal selbst auf das Ergebnis zu kommen und später die Lösung zu vergleichen.

 **Berechnung**

Eingabe	Display	Erklärung
12 GT PMT	12,00	Monatlicher Sparplan (12 Monate im Jahr).
23 GT N	276,00	Die gesamte Spardauer beträgt 23 Jahre, somit 276 Monate.
9 GT PV	9,00	Sie geben den effektiven Zins von 9 % vor.
GT I/YR	8,65	Da der Taschenrechner mit dem nominalen Zins rechnet, rechnen Sie in diesen um.
0 PV	0,00	Zu Beginn des gesamten Sparplans tätigt er keine Einmalanlage.
241917,83 FV	241.917,83	Das Endergebnis von Mike Besserwisser soll mit Ihrem übereinstimmen.
PMT	– 278,62	Ergebnis: Sie rechnen aus, wie viel Mike Besserwisser monatlich sparen muss. (Negatives Vorzeichen = Er muss diese Sparraten leisten – aus der Tasche raus.)

Ergebnis: Mike Besserwisser, der auf den vermeintlich richtigen Einstiegszeitpunkt wartet, zahlt für sein Zögern einen hohen Preis. Will er, nachdem er einige Jahre gewartet hat, die gleichen 240.000 € wie im Beispiel 1 erreichen, müsste er nach 5 Jahren Warterei die restlichen 23 Jahre monatlich knapp 280 € sparen. Sein Gesamtaufwand beträgt somit 77.280 € (23 Jahre x 12 Monate x 280 € Sparrate), liegt also 10.800 € höher als im ersten Beispiel. Nun zum optimalen Beispiel 3.

BEISPIEL 3

Im Folgenden finden Sie die wohl optimale Anlagestrategie. In den schlechten Börsenzeiten investiert Karl Fuchs in einen Kurzläufer-Rentenfonds, der im Durchschnitt einen effektiven Zins von 7,5 Prozent erreicht. Drei Jahre lang zahlt er in einen solchen Fonds ein, bis er danach das Kapital für weitere 25 Jahre in den Aktienfonds umschichtet, der dann wiederum den angenommenen durchschnittlichen Zins von 9 Prozent erzielt. Versuchen Sie nun, das Ergebnis auszurechnen, wenn Karl Fuchs monatlich 200 € spart.

Berechnung

Eingabe	Display	Erklärung
12 GT PMT	12,00	Monatlicher Sparplan (12 Perioden im Jahr).
3 GT N	36,00	Die ersten 3 Jahre spart er in einen Kurzläufer-Rentenfonds, somit 36 Monate.
7,5 GT PV	7,50	Sie geben den effektiven Zins von 7,5 % vor.
GT I/YR	7,25	Da der Taschenrechner mit dem nominalen Zins rechnet, rechnen Sie in diesen um.
0 PV	0,00	Zu Beginn des gesamten Sparplans tätigt er keine Einmalanlage.
200 +/– PMT	– 200,00	Er spart monatlich 200 € (negatives Vorzeichen = aus der Tasche).
FV	8.016,55	Ergebnis: Nach 3 Jahren hat er durch das Sparen in einen Kurzläufer-Rentenfonds ein Vermögen von 8.016,55 € aufgebaut.

Nun möchten wir wissen, welches Vermögen Karl Fuchs erreicht, wenn er nun in ein Aktienfonds über weitere 25 Jahre umschichtet, der eine angenommene Wertentwicklung von 9 Prozent effektiv erreicht.

Eingabe	Display	Erklärung
25 GT N	300,00	Nun spart er 25 Jahre lang in einen Aktienfonds, somit 300 Monate.
9 GT PV	9,00	Sie geben den effektiven Zins von 9 % vor.
GT I/YR	8,65	Umrechnung des effektiven Zinses in den nominalen Zins.
RCL FV	8.016,55	Sie rufen das Endergebnis der ersten 3 Sparjahre ins Display zurück.
+/– PV	– 8.016,55	Sie rechnen mit dem Ergebnis der ersten 3 Sparjahre weiter und zahlen dieses als Einmalanlage in den Aktienfonds ein (aus der Tasche = Minus-Vorzeichen).
RCL PMT	– 200,00	Sie prüfen, ob Ihr Sparbeitrag von 200 € weiterhin im Speicher des Taschenrechner vorhanden ist. Steht dort ein anderer Wert, so geben Sie noch einmal 200 +/– PMT ein.
FV	280.664,41	Nach 28 Jahren hat er ein Vermögen von 280.664,41 € aufgebaut.

Nach 28 Jahren hat Karl Fuchs ein Vermögen von knapp 280.000 € aufgebaut. Das sind fast 40.000 € mehr als im Beispiel 1. Nun können Sie zusätzlich noch den durchschnittlichen Zins errechnen, den er in diesem Beispiel erreicht hat. Dieser wird wie im Beispiel 1 berechnet.

Eingabe	Display	Erklärung
12 GT PMT	12,00	Er spart über den gesamten Zeitraum monatlich.
28 GT N	336,00	Im gesamten Zeitraum spart er 28 Jahre, somit 336 Monate.
0 PV	0,00	Zu Beginn leistet er keine Einmalzahlung.
200 +/– PMT	– 200,00	Monatlich werden 200 € gespart.
280664,41 FV	280.664,41	Sie geben das Endergebnis nach 28 Jahren vor.
I/YR	8,62	Der nominale Zins beträgt 8,62 %.
GT PV	8,97	Der effektive Zins beträgt 8,97 %.

> *Ergebnis:* Das Ergebnis zeigt deutlich, dass kaum ein Unterschied zu dem durchschnittlichen Zins des Aktienfonds von 9 Prozent besteht.

Kurzläufer-Rentenfonds investieren in Zinspapiere, die gegen das Auf und Ab bei den Zinsen immun sind. Nennenswerte Kursgewinne sind aufgrund dieser Sicherheit also nicht drin. Der Vorteil der Kurzläufer: Wegen der kurzen Laufzeit müssen die Manager das Depot öfter umschichten – und können bei steigenden Zinsen schnell auf besser verzinste Anleihen umsteigen. Um auch in Kurzläufer-Rentenfonds anlegen zu können, hab ich Ihnen eine Tabelle mit diesen Fonds zusammen gestellt.

Beispielfonds	WKN	Wertentwicklung*		
		6 Monate	1 Jahr	3 Jahre
Renten Kurzläufer €				
Von Ernst GP EUR Short Term	848.569	4,28	6,47	21,83
Pro Mundo Fonds	975.016	3,38	6,73	12,42
Renten Kurzläufer International				
Uni-Global Max 3 ans (US$)	655.894	8,01	11,75	54,65
DIT-Lux Überseeische Renten K	973.656	4,72	6,44	38,45
Internationale Rentenfonds K	847.519	3,87	7,07	31,16
*in %, Stand 15.02.2002, entnommen aus Fuchs-Brief				

Die entscheidende Botschaft lautet: Sparen Sie finanziell intelligent und beginnen heute noch, in einen international anlegenden Aktienfonds zu investieren. Sie können überhaupt nichts verlieren. Selbst wenn die Börse in dem Moment, in dem Sie investieren wollen, sinkt, spricht das Beispiel 1 dafür, dass Sie in jedem Fall zu sparen beginnen sollten. Wenn Sie sich wie in Beispiel 3 für Rentenfonds entscheiden und auf fallende Kurse der Aktien spekulieren, haben Sie zusätzlich noch eine Zins-Stabilität.

Geldeinstellung & Geldpsychologie

75 Prozent weniger sparen – 100 Prozent mehr erreichen

Ein guter Spruch für dieses Thema lautet: „Viel Zeit mal wenig Geld oder wenig Zeit mal viel Geld!" Beginnen Sie mit dem Sparen schon sehr früh und haben Sie bis zu Ihrer Rente viel Zeit, müssen Sie weniger Geld anlegen, um Ihr Ziel zu erreichen. Andersherum müssten Sie viel Geld anlegen, um in wenig Zeit das Ziel zu erreichen, nämlich eine möglichst hohe Rente.

Sparen in jungen Jahren gehört zu den wichtigsten Regeln der finanziellen Intelligenz.

 BEISPIEL

Hier spart der Anleger A 15 Jahre lang wenig Geld, um es danach 30 Jahre für sich arbeiten zu lassen. Anleger B beginnt erst 15 Jahre später mit dem Sparen, gerade wenn Anleger A sein Geld nur noch verzinsen lässt. Anleger B zahlt aber das Doppelte, damit er, so denkt er sich, zum Schluss genauso viel hat wie Anleger A.

Außerdem spart er 30 Jahre, also 15 Jahre länger als Anleger A. Errechnen Sie nun mit dem Taschenrechner, wer am Ende der 45 Jahre mehr Geld besitzt. Der Investmentfonds, in den beide investieren, erzielt eine angenommene Wertentwicklung von effektiv 11 Prozent.

Jahr	Sparer A	Sparer B
1	100,00	
2	100,00	
3	100,00	
4	100,00	
5	100,00	
6	100,00	
7	100,00	
8	100,00	
9	100,00	
10	100,00	
11	100,00	
12	100,00	
13	100,00	
14	100,00	
15	100,00	
16		200,00
17		200,00
18		200,00
19		200,00
20		200,00
21		200,00
22		200,00
23		200,00
24		200,00
25		200,00
26		200,00
27		200,00
28		200,00
29		200,00
30		200,00
31		200,00
32		200,00
33		200,00
34		200,00
35		200,00
36		200,00
37		200,00
38		200,00
39		200,00
40		200,00
41		200,00
42		200,00
43		200,00
44		200,00
45		200,00
Einzahlungen insgesamt	1.500,00	6.000,00

© Bernd W. Klöckner; www.berndwkloeckner.de

Geldeinstellung & Geldpsychologie

Berechnung

Anleger A

Eingabe	Display	Erklärung
12 GT PMT	12,00	Monatlicher Sparplan.
15 GT N	15,00	Er spart 15 Jahre lang.
11 GT PV	11,00	Der effektive Zins beträgt 11 %.
GT I/YR	10,48	Der nominale Zins beträgt umgerechnet 10,48 %.
0 PV	0,00	Zu Beginn leistet er keine Einmalanlage.
100 +/− PMT	− 100,00	Monatlich spart er 100 €.
FV	43.328,74	Nach 15 Sparjahren beträgt das Vermögen 43.328,74 €.

Nach 15 Jahren hat Anleger A ein Vermögen von 43.328,74 € erspart. Nun lässt er das Vermögen noch 30 Jahre lang noch für sich arbeiten, das heißt, er zahlt keine Sparbeiträge mehr und lässt das Kapital von den Zinsen wachsen.

Eingabe	Display	Erklärung
1 GT PMT	1,00	Jährliche Verzinsung.
30 GT N	30,00	A legt weitere 30 Jahre lang an.
11 I/YR	11,00	A erzielt einen Zins von 11 %. Dieser entspricht dem effektiven Zins wegen einer jährlichen Verzinsung.
RCL FV +/− PV	− 538.728,93	Sie rufen das Ergebnis der vorigen Rechnung ins Display und speichern es mit Minus-Vorzeichen als Einmalanlage ab.
0 PMT	0,00	Er leistet keine weiteren regelmäßigen Zahlungen.
FV	991.894,38	Nach 45 Jahren hat Anleger A ein Vermögen von 991.894,38 € erreicht.

Berechnung

Nun zum Vermögen von Anleger B, der 30 Jahre lang 200 € spart.

Eingabe	Display	Erklärung
12 GT PMT	12,00	Monatlicher Sparplan.
30 GT N	30,00	Er spart 30 Jahre lang.
11 GT PV	11,00	Der effektive Zins beträgt 11 %.
GT I/YR	10,48	Der nominale Zins beträgt umgerechnet 10,48 %.
0 PV	0,00	Zu Beginn leistet er keine Einmalanlage.
200 +/− PMT	− 200,00	Monatlich spart er 200 €.
FV	501.277,95	Ergebnis: Nach 30 Sparjahren beträgt das Vermögen 501.277,95 €.

Ergebnis: Somit hat Anleger B ein Vermögen von 501.277,95 € und somit nur halb so viel erreicht wie Anleger A. Er hat also doppelt soviel gezahlt und hat nur die Hälfte an Vermögen aufgebaut.

Nun können Sie noch ausrechnen, wie hoch die monatliche Sparrate von Anleger B sein müsste, um auf das Kapital von Anleger A zu kommen.

Eingabe	Display	Erklärung
12 GT PMT	12,00	Monatlicher Sparplan.
30 GT N	30,00	Er spart 30 Jahre lang.
11 GT PV	11,00	Der effektive Zins beträgt 11 %.
GT I/YR	10,48	Der nominale Zins beträgt umgerechnet 10,48 %.
0 PV	0,00	Zu Beginn leistet er keine Einmalanlage.
991894,38 FV	991.894,38	Nach 30 Sparjahren soll das Vermögen genau so hoch sein wie von Anleger A.
395,75 +/− PMT	− 395,75	Monatlich muss Anleger B knapp 400 € sparen, um das Vermögen von Anleger A zu erreichen.

Geldeinstellung & Geldpsychologie

Ergebnis: Somit müsste Anleger B 395,75 € sparen, um auf das Vermögen von Anleger A zu kommen.

Die Botschaft für Sie lautet: Beginnen Sie so früh wie möglich mit dem Sparen. Je eher Sie sparen, desto weniger müssen Sie zahlen. „Viel Zeit mal wenig Geld! Viel Geld mal wenig Zeit!" Holen Sie sich aus diesem Spruch das Positive heraus, gehören Sie zu den finanziell intelligenten Leuten ... und später zu den Reicheren.

Vorsicht Falle: Verlustausgleich ist teuer

Mit der G&G-Strategie der Gewinner lernen Sie (Geld und Geduld vorausgesetzt): Eine Aktie kann auf Dauer auch dann zum Gewinn führen, wenn die Kurse zu Beginn einbrechen. Grundsätzlich gilt es dabei, Verluste in jedem Fall dann zu begrenzen, wenn sich die Zukunftsaussichten für ein Unternehmen oder dessen Produkte verschlechtert haben. Denn: Sie brauchen stets ein Vielfaches an Gewinn, um Verlust wieder auszugleichen.

Immer wieder lerne ich Menschen kennen, die, wenn Sie beispielsweise eine Aktie zu 50 € gekauft haben, die nun auf 25 € gesunken ist, sagen: „Na und, die 25 € wird der Kurs auch wieder steigen." Diese Sichtweise stimmt, es wurde aber eine wichtige Gesetzmäßigkeit vergessen. Denn: Um die 25 € Kursverlust (50 Prozent) wieder wettzumachen, müsste der Kurs von 25 € auf 50 € steigen, somit um 100 Prozent. Im Folgenden sehen Sie die Zahlen, welche Verluste mit welchen Gewinnen wett gemacht werden müssen.

Hat einmal das Anlageprodukt 70 Prozent an Wert verloren, so muss 233 Prozent Gewinn gemacht werden, um den ursprünglich eingesetzten Betrag zurückzubekommen.

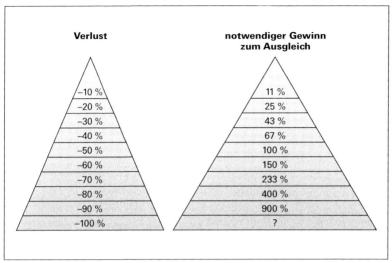

© Bernd W. Klöckner ; www.berndwkloeckner.de

BEISPIEL

Nehmen wir nun einmal an, Sie hätten Aktien eines Unternehmens im Wert von 10.000 € gekauft. Nach kurzer Zeit verliert der Kurs 50 Prozent. Welchen durchschnittlichen Zins müssten Sie nun in 2, 4 oder 8 Jahren erzielen, damit Sie die Aktien mit „Plus-Minus-Null", also 10.000 € verkaufen können?

Jahre	Notwendiger Zins zum Verlustausgleich
2	
4	
8	

Um einen Verlust von 50 Prozent in zwei Jahren auszugleichen, ist folgende Berechnung mit dem Taschenrechner durchzuführen:

Geldeinstellung & Geldpsychologie

Berechnung: 2 Jahre

Eingabe	Display	Erklärung
1 GT PMT	1,00	Einmal jährliche Wertsteigerung.
2 GT N	2,00	Nach 2 Jahren soll der Verlust ausgeglichen sein.
5000 +/– PV	– 5.000,00	Zu Beginn haben Sie einen Verlust von 50 % auf 10.000 €, somit haben Sie noch 5.000 €, die Sie zahlen, Tasche raus = Minus-Vorzeichen.
0 PMT	0,00	Es sollen keine regelmäßigen Zahlungen erfolgen.
10000 FV	10.000,00	Nach 2 Jahren soll das investierte Geld von 10.000 € wieder erreicht sein.
I/YR	41,42	Um in zwei Jahren einen Verlust von 50 % auszugleichen, ist ein durchschnittlicher Zins von 41,42 % notwendig.

 Sie müssen für die Berechnung der 4 und 8 Jahre nur einen Wert ändern.

 Berechnung: 4 Jahre

Eingabe	Display	Erklärung
4 GT N	4,00	Nach 4 Jahren soll der Verlust ausgeglichen sein.
I/YR	18,92	Um in 4 Jahren einen Verlust von 50 % auszugleichen, ist ein durchschnittlicher Zins von 18,92 % notwendig.

 Berechnung: 8 Jahre

Eingabe	Display	Erklärung
8 GT N	8,00	Nach 8 Jahren soll der Verlust ausgeglichen sein.
I/YR	9,05	Um in 8 Jahren einen Verlust von 50 % auszugleichen ist ein durchschnittlicher Zins von 9,05 % notwendig.

Ergebnis: An den obigen Ergebnissen können Sie erkennen, dass es ein paar Jahre dauern kann, einen Verlust „mal eben" auszugleichen. Meist setzen die Leute nach einer Baisse oder großen Verlusten auf sichere Titel. Da oft von einem Zins bei der Aktienanlage von 9 Prozent gesprochen wird, kann es 8 Jahre dauern, bis der Verlust wieder ausgeglichen ist. Andere Leute setzen auch auf risikoreiche Aktien, da sie ja irgendwie den Verlust schnell wieder ausgleichen müssen. Doch das geht dann auch wieder in die andere Richtung, so dass ein Totalverlust droht. Schauen wir uns einmal ein nächstes Beispiel an, was einer Situation wie in den Jahren 2000/2001 am Neuen Markt nahe kommt.

 BEISPIEL

Sie kaufen Aktien im Wert von 10.000 €. Nach einigen Monaten ist der Wert um 40 Prozent gefallen. Sie meinen, dass der Wert nicht weiter fällt und halten die Aktien. Ein paar Wochen später sehen Sie, dass Ihre Aktien auf 1.000 € geschrumpft sind. Welchen Zins müssten Sie erreichen um den Verlust von 90 Prozent in jeweils 2, 4 oder 8 Jahren auszugleichen?

 Berechnung: 2 Jahre

Eingabe	Display	Erklärung
1 GT PMT	1,00	Einmal jährliche Wertsteigerung.
2 GT N	2,00	Nach 2 Jahren soll der Verlust ausgeglichen sein.
1000 +/− PV	− 1.000,00	Zu Beginn haben Sie einen Verlust von 90 % auf 10.000 €, somit haben Sie noch 1.000 €, die Sie zahlen; Tasche raus = Minus-Vorzeichen.
0 PMT	0,00	Es sollen keine regelmäßigen Zahlungen erfolgen.
10000 FV	10.000,00	Nach 2 Jahren soll das investierte Geld von 10.000 € wieder erreicht sein.
I/YR	216,23	Um in zwei Jahren einen Verlust von 90 % auszugleichen, ist ein durchschnittlicher Zins von 216,23 % notwendig.

Geldeinstellung & Geldpsychologie

Berechnung: 4 Jahre

Eingabe	Display	Erklärung
4 GT N	4,00	Nach 4 Jahren soll der Verlust ausgeglichen sein.
I/YR	77,83	Um in 4 Jahren einen Verlust von 90 % auszugleichen, ist ein durchschnittlicher Zins von 77,83 % notwendig.

Berechnung: 8 Jahre

Eingabe	Display	Erklärung
8 GT N	8,00	Nach 8 Jahren soll der Verlust ausgeglichen sein.
I/YR	33,35	Um in 8 Jahren einen Verlust von 90 % auszugleichen, ist eine durchschnittlicher Zins von 33,35 % notwendig.

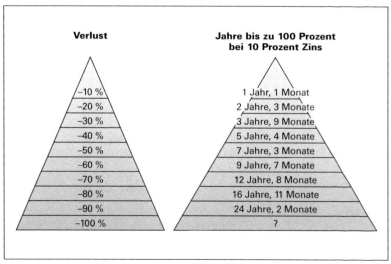

© Bernd W. Klöckner; www.berndwkloeckner.de

Ergebnis: Wie Sie sehen, ist ein Verlust von 90 Prozent nur sehr schwer mit guten, konservativen Aktien in wenigen Jahren auszugleichen. Hier müssten dann doch die Risikoreichen her, die entweder den Verlust ausgleichen oder den Verlust erhöhen, sogar zum Totalverlust führen können. Um einen so hohen Verlust ausgleichen, wird man sehr viel Zeit brauchen bzw. verschenken. Werfen Sie hierzu noch einmal einen Blick auf die Tabelle mit den bereits ausgerechneten Jahren, die Sie zum Verlustausgleich bei 10 Prozent Zins benötigen.

 BEISPIEL

Um einen Verlust von beispielsweise 70 Prozent auszugleichen, benötigen Sie bei einem Zins von 10 Prozent 12 Jahre und 8 Monate. Wie lange müssten Sie warten, wenn Sie mit einer konservativen Anlage versuchen den Verlust auszugleichen? Das können Sie wie folgt mit Ihrem Taschenrechner errechnen:

 Berechnung

Eingabe	Display	Erklärung
1 GT PMT	1,00	Einmal jährliche Wertsteigerung.
6 I/YR	6,00	Der Zins liegt bei 6 %.
90 +/− PV	− 90,00	Sie haben ein Verlust von 10 %, somit verbleiben von zuerst angelegten 100 € noch 90 €.
0 PMT	0,00	Es sollen keine regelmäßigen Zahlungen erfolgen.
100 FV	100,00	Das zuerst angelegte Kapital soll wieder erreicht werden.
N	1,81	Nach 1,81 Jahren ist der Verlust ausgeglichen.

 Die Nachkommastellen rechnen Sie folgendermaßen in Monate um:
0,81 x 12 = 9,72 Monate

Geldeinstellung & Geldpsychologie

Er braucht also rund 1 Jahr und 10 Monate, um den Verlust auszugleichen. Für die nächsten Verlustrechnungen müssen Sie jeweils nur den Anfangswert verändern und die Laufzeit abfragen.

Eingabe	Display	Erklärung
80 +/– PV	– 80,00	Bei 20 % Verlust hat er von anfänglich 100 € noch 80 €, die er investieren kann.
N	3,83	Nach 3,83 Jahren ist der Verlust ausgeglichen.

 Hier rechnen Sie wiederum die Nachkommastellen in Monate um:
0,83 x 12 = 9,96 Monate

Um in diesen Rechnungen Übung zu bekommen, rechnen Sie doch nun selbstständig aus, wie lange Sie brauchen, um einen Verlust auszugleichen. Schauen Sie erst später zum Vergleich auf die folgende Lösung:

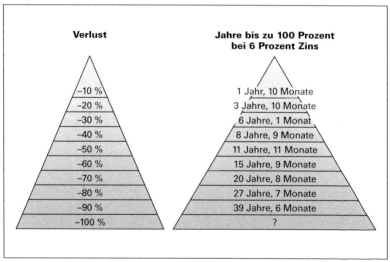

© Bernd W. Klöckner; www.berndwkloeckner.de

0 1 8 0 2 / 2 9 2 9 2 9 *

…tscheiden Sie sich jetzt für die Bank, die Ihnen
…tra viel zu bieten hat.

…fach …

…equem und direkt – vergleichen
…die vorteilhaften Angebote der
…a ruhig mit einer Hausbank:
…- und Sparkonten, Geldanlagen,
…tpapiere, Vorsorgepläne, Kredite
… Finanzierungen.

■ Schnell …

… sicher und vielfältig – die Wege,
über die Sie Ihre Bankgeschäfte mit
der DiBa abwickeln. Ob per Internet,
E-Mail, T-Online, Fax, Brief, per
Direkt-Telebanking oder im persönlichen Gespräch per Telefon.

■ Günstig …

… und immer gut beraten – ohne
aufwendiges Filialnetz kann Ihnen die
DiBa attraktive Konditionen bieten.
Mit persönlichem Service, individueller
Beratung, professioneller Abwicklung
und mit mehr als 35 Jahren Direktbank-
Erfahrung.

…ro pro Anruf. Rund um die Uhr.

…raße 27–31 • 60329 Frankfurt a. M. • BLZ: 500 105 17 • Tel: 0180 2 / 29 29 29 •
…/27 22 44 • T-Online: *Direktbank# • Internet: www.diba.de • E-Mail: info@diba.de

Allgemeine Deutsche DirektBank AG

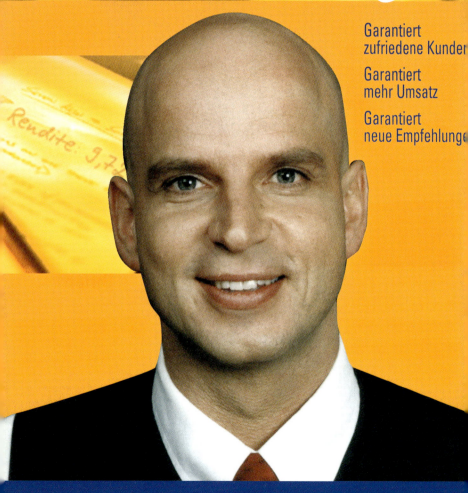

Altersvorsorge & Investmentgeschäft
Bernd W. Klöckner

In dem speziellen **Praxistraining** geht es um schnelle Berechnungen zur Altersvorsorge und zu Sparplänen. Sie erleben eine verblüffend einfache, sehr wirkungsvolle Verkaufsmethodik, die Ihren Vertriebserfolg zusätzlich unterstützt.

Sie lernen praxisorientierte Finanzmathematik **auf spielerische Weise**. Sie brauchen keine mathematischen Kenntnisse.

Sie erhalten das Handwerkszeug, mit dem Sie Ihre fachliche Kompetenz zeigen und **höhere Umsatzerfolge** erzielen können.

Sie trainieren genau die Berechnungen, die in Beratungsgesprächen vorkommen, z.B. **Renten-, Inflations- und Investmentberechnungen**.

Ein außergewöhnliches Verkaufs-Training

Seminar-Termine:

11. Oktober 2002	München
13. November 2002	Köln
5. Februar 2003	Berlin
19. März 2003	Mainz
4. Juni 2003	München
11. September 2003	Köln
15. Oktober 2003	Hamburg

Anmeldung & Detailinfos zum Seminarinhalt:
www.gabler-seminare.de
oder bei Rita Biondi
Gabler Management Institut
Telefon 0611/7878-293

STIFTUNG WARENTEST
Risikolebensversicherung:
Platz 1 bei Normaltarif!
FINANZtest 5/2002

Risikoschutz zum Spartarif!

■ Finanzielle Absicherung für Familie und Partner
■ Besonders preiswert durch Sofortgutschrift
■ Regelmäßig Spitzenplätze in Leistungsvergleichen

Beispiel	(Stand: August 2002)
Risikoschutz	100.000,00 EUR
Monatlicher Beitrag	14,42 EUR*
Plus Berufsunfähigkeits-Absicherung	
Monatliche Rente	750,00 EUR
Monatlicher Gesamtbeitrag	33,75 EUR*

Mann, Eintrittsalter/Dauer: 30 Jahre.
*Kann nicht für die gesamte Laufzeit garantiert werden.

Weitere starke Produkte:

■ **RIESTER-RENTE: ZERTIFIZIERT**
Profitieren durch staatliche Zulagen plus Steuervorteil

■ **KAPITALVERSICHERUNG:**
Geringe Beiträge, hohe garantierte Leistungen

Hannoversche Leben
Einfach. Besser. Direkt.

Mo.-Fr. 8-20 Uhr, Sa. 10-16 Uhr
Tel.: 05 11/95 65-811

Fax:
05 11/95 65-555

+20 EUR online Bonus!
www.hannoversche-leben.de

Karl-Wiechert-Allee 10
30622 Hannover

Ergebnis: Um beispielsweise einen Verlust von 90 Prozent auszugleichen, müssten Sie bei einer konservativen Anlage 39 Jahre und 6 Monate warten. Es würde also lange dauern, bis so ein Verlust ausgeglichen ist. Eine risikoreiche Anlage müsste also her, um möglichst schnell das Kapital wiederzugewinnen. Doch hier droht der Totalverlust, wenn die risikoreiche Anlage sich als Flop erweist. Wer im Jahre 2000 auf den Neuen Markt setzte, wurde sehr häufig enttäuscht. Das zeigt auch die folgende Tabelle der „Flop Five 2000" des Neuen Marktes.

Flop Five 2000 – NEUER MARKT

CPU	minus 95,3 Prozent
Infomatec	minus 94,8 Prozent
Gigabell	minus 92,3 Prozent
Intertainment	minus 91,3 Prozent
Ricardo.de	minus 90,9 Prozent

Wer auf solche Aktien im Jahr 2000 setzte, der musste sehr lange warten, bis er den Verlust ausgeglichen hatte.

Eine der alles entscheidenden Botschaften auf Ihrem weg zu finanzieller Intelligenz lautet: Vermeiden Sie hohe Verluste, zum Beispiel mit Setzen eines Stop-Loss bei Aktien. Haben Sie einmal hohe Verluste erlitten, so müssen Sie einen hohen Zins erzielen, um den Kaufkurs wieder zu erreichen. Dieser lässt sich meist nur durch riskante Aktien erreichen, die vielleicht auch wieder stark fallen. So kann schnell der Totalverlust eintreten. Vermeiden Sie also von vornherein hohe Verluste und erkundigen sich genügend über diese Aktien.

Wünsche und Bedürfnisse in Ihrer Finanzplanung

Im Leben begegnet man oft Bedürfnissen und Wünschen, die man, wenn es finanziell möglich ist, auch befriedigt. Hier sollte man zwischen wirklichen Bedürfnissen, wirklichen Wünschen und erzeugten Wünschen unterscheiden. Ein wirkliches Bedürfnis ist es zum Beispiel, eine warme Mahlzeit am Tag zu sich zu nehmen. Ein wirklicher Wunsch kann entstehen, wenn Sie an einem Uhrengeschäft vorbeilaufen und eine tolle Armbanduhr sehen, die Ihnen richtig gut gefällt. Da Sie gerade keine Armbanduhr besitzen, entschließen Sie sich, diesen Wunsch zu erfüllen. Am nächsten Tag laufen Sie noch einmal am Uhrengeschäft vorbei und sehen wieder eine tolle Armbanduhr, die Sie unbedingt haben möchten, obwohl Sie sich gerade gestern eine neue Uhr gekauft haben. Diese Uhr ist in diesem Fall ein erzeugter Wunsch.

Die drei Ausgabentöpfe heißen also:

Wirkliches Bedürfnis	**Wirklicher Wunsch**	**Erzeugter Wunsch**

Nun streichen Sie den erzeugten Wunsch durch. In Zukunft denken Sie an diese drei Töpfe und fragen sich vor dem Kauf eines Gutes, ob es nicht zu den erzeugten Wünschen gehört. Falls es zu denen gehört, kaufen Sie es nicht. Sagen Sie sich in diesen Fällen den Spruch:

„Das Geld ist nicht weg, es hat nur ein anderer!"

Sie werden sehen, dass Sie dadurch einerseits die Disziplin erheblich steigern und andererseits Ihr Vermögen wächst. Halbieren Sie nun das Ersparte und erfüllen mit der einen Hälfte wirkliche Wünsche, von denen Sie wissen, dass der Nutzen nicht von kurzer Dauer ist. Die andere Hälfte investieren Sie in einen international anlegenden Aktienfonds.

BEISPIEL

Wie lange muss gespart werden, um Euro-Millionär zu werden, wenn statt für erzeugte Wünsche in Höhe von angenommen monatlich 300 € die Hälfte, also 150 €, in einen Aktienfonds investiert wird, der eine außerordentlich gute Wertentwicklung von effektiv 12 Prozent erzielt?

Berechnung

Eingabe	Display	Erklärung
12 GT PMT	12,00	Monatlicher Sparplan (12 Perioden im Jahr).
12 GT PV	12,00	Der effektive Zins beträgt in den Jahren 12 %.
GT I/YR	11,39	Der nominale Zins beträgt umgerechnet minus 11,39 %.
0 PV	0,00	Sie zahlen keinen einmaligen Betrag zu Beginn.
150 +/– PMT	– 150,00	Monatlich sparen Sie 150 € (aus der Tasche = Minus-Vorzeichen).
1000000 FV	1.000.000,00	Zum Ende möchten Sie Euro-Millionär sein.
N	440,80	Sie müssen 441 Monate sparen, um Millionär zu sein.

Ergebnis: Um aus dem gesparten Geld Millionär zu werden, müssen Sie bei einem angenommenen Zins von 12 Prozent 441 Monate sparen. Um auf die Anzahl der Jahre zu kommen, teilen Sie 441 durch 12 Monate = 36,75 Jahre.

Die entscheidende Botschaft lautet: Merken Sie sich die Ausgabetöpfe und denken Sie vor dem Kauf eines Produktes an den Spruch: „Das Geld ist nicht weg, es hat nur ein anderer!" Wenn Sie so handeln, handeln Sie finanziell intelligent und werden langfristig reich. Die Botschaft lautet: Gönnen Sie sich wirkliche Wünsche. Meiden Sie erzeugte Wünsche.

Geldeinstellung & Geldpsychologie

Nehmen Sie die Hälfte des Geldes, das Sie für einen erzeugten Wunsch ausgeben wollten, und nehmen diese Hälfte für die Erfüllung des nächsten, wirklichen Wunsches. Die andere gesparte Hälfte investieren Sie.

Die 7-Tage-Methode, wie Sie erzeugte Wünsche erkennen

Wenn Sie sich nun fragen, wie Sie erzeugte Wünsche erkennen, möchte ich Ihnen einen kleinen Tipp verraten. Wenn Sie mal wieder vor einer Sache, einem Gegenstand stehen und denken, Sie müssten diese Sache, diesen Gegenstand unbedingt besitzen, dann nehmen Sie 7 Tage Abstand. Legen oder stellen Sie die Sache, den Gegenstand zurück und sagen Sie zu sich selbst „In sieben Tagen werde ich zurück kommen und den Gegenstand kaufen." Dann verlassen Sie das jeweilige Geschäft. Handelt es sich um einen erzeugten Wunsch, werden Sie die Sache, den Gegenstand in den nächsten Tagen völlig vergessen. Sie denken vielleicht irgendwann noch einmal daran, aber wann ist ungewiss. Merken Sie sich: Bringen Sie einen zeitlichen Abstand hinein, wenn Sie sich unsicher sind, ob es sich um einen erzeugten Wunsch handelt. Ein wirklicher Wunsch (hin und wieder sollte man sich was Schönes gönnen) wird Ihnen nicht mehr aus dem Kopf gehen. Ein erzeugter Wunsch dagegen verblasst sehr, sehr schnell.

Gewinngier kontra Kontinuität

Einige Leute meinen, dass Sparen in international anlegende Aktienfonds zu langweilig sei. „Hohe Renditen müssten her, und da muss man auch schon zwischen Fonds hin und her wechseln, gerade wenn die Börse gut läuft", sagen diese Leute. Einige Jahre geht das gut und man erhält einen überdurchschnittliche Rendite, aber in manchen Jahren schreibt man rote Zahlen. Um dieses Phänomen zu verdeutlichen, haben Sie mit dem Taschenrechner die Möglichkeit, zwischen einen Fondssparplan mit kontinuierlichen oder schwankenden Erträgen zu wählen.

Schauen Sie sich einmal die Tabellen an und entscheiden Sie, ohne zu rechnen, welche der Varianten Sie wählen würden. In welche Alternative würden Sie die 1.000 € investieren?

1000 Euro Einmalanlage		
Jahr	Schwankend Rendite pro Jahr	Kontinuierlich Rendite pro Jahr
1	22	8
2	18	8
3	17	8
4	−18	8
5	8	8
6	15	8
7	18	8
8	−12	8
9	−8	8
10	13	8
11	12	8
12	14	8
13	−19	8
14	20	8
15	18	8

© Bernd W. Klöckner; www.berndwkloeckner.de

Da bei schwankendem Zins jedes Jahr einzeln ausgerechnet werden muss und dort nur eine jährliche Verzinsung stattfindet, kann man das Vermögen mit der Prozenttaste des Taschenrechners errechnen:

1. Jahr: 1.000,00 + 22 % = 1.220,00
2. Jahr: 1.220,00 + 18 % = 1.439,60
3. Jahr: 1.439,60 + 17 % = 1.684,33
4. Jahr: 1.684,33 − 18 % = 1.381,15
5. Jahr: 1.381,15 + 8 % = 1.491,64
6. Jahr: 1.491,64 + 15 % = 1.715,39
7. Jahr: 1.715,39 + 18 % = 2.024,16
8. Jahr: 2.024,16 − 12 % = 1.781,26
9. Jahr: 1.781,26 − 8 % = 1.638,76
10. Jahr: 1.638,76 + 13 % = 1.851,80
11. Jahr: 1.851,80 + 12 % = 2.074,02
12. Jahr: 2.074,02 + 14 % = 2.364,38
13. Jahr: 2.364,38 − 19 % = 1.915,15
14. Jahr: 1.915,15 + 20 % = 2.298,18
15. Jahr: 2.298,18 + 18 % = 2.711,85

Ergebnis: Nach 15 Jahren schwankenden Börsenkursen hat der Anleger ein Vermögen von 2.711,85 € erwirtschaftet.

 BEISPIEL

Nun zu der kontinuierlichen und vermeintlich langweiligen Anlage. Auch hier könnte man jährlich jeweils 8 Prozent auf den Betrag addieren, jedoch geht es mit den Finanzierungstasten einfacher.

 Berechnung

Eingabe	Display	Erklärung
1 GT PMT	1,00	Jährliche Verzinsung.
15 GT N	15,00	Sie legen 15 Jahre lang an.
8 GT PV	8,00	Der effektive Zins beträgt 9 %.
GT I/YR	8,00	Der nominale Zins beträgt umgerechnet 8 % und ist wegen der jährlichen Verzinsung identisch mit dem effektiven Zins.
1000 +/– PV	– 1.000,00	Zu Beginn zahlen Sie einmalig 1.000 € ein.
0 PMT	0,00	Sie zahlen keinen Betrag regelmäßig ein.
FV	3.172,17	Nach 15 Sparjahren beträgt das Vermögen 3.172,17 €.

Ergebnis: Der Sparer, der einen kontinuierlichen aber geringen Zins erzielt, hat ein Vermögen von 3.172,17 € erreicht. Damit liegt er 460,32 € höher als derjenige, der das Risiko nicht scheute und zwischen verschiedenen Anlage hin und her wechselte, gerade dort, wo er meinte, dass es da am Besten laufen wird.

Teil D:

Die alles entscheidende Botschaft lautet: Setzen Sie eher auf die vermeintlich langweiligere Anlage. Diese bringt oft mehr als eine Investition mit vermeintlicher Verdoppelungschance. Außerdem müssen Sie sich bei der kontinuierlichen Anlage nur einmal richtig informieren und danach nur noch beobachten. Bei der schwankenden müssen Sie sich ständig auf dem Laufenden halten Das kostet Sie viel Zeit, Geld und Nerven. Hier gilt der Spruch: „Hin und her macht Taschen leer!"

Vorsicht Falle: Wenn mit Kapitalverdoppelung geworben wird

Risiken bei kurzfristigen Aktienfondssparpläne werden immer noch häufig unterschätzt. Dazu tragen sicherlich Versprechen vermeintlicher Finanzexperten bei, die Kapitalverdoppelung und Kapitalmehrung an feste Zeiträume koppeln. Die Grundregel, die wichtigste Botschaft für Sie lautet: Niemand kann Ihnen einen festen Zins pro Jahr bei einem Aktienfondssparplan garantieren. Wer es dennoch tut, handelt ausschließlich im eigenen Verkaufsinteresse, will Sie gierig machen.

 BEISPIEL

Was meinen Sie: Wie hoch muss der Zins pro Jahr sein, wenn Sie eine Einmalanlage alle vier Jahre verdoppeln wollen? Auch das können Sie anhand des Taschenrechners gut ausrechnen. Schätzen Sie aber zuerst einmal den benötigten Zins. Oft liegt man dabei weit daneben. In den Seminaren erlebe ich sehr oft Teilnehmer, die das Ergebnis abfragen und direkt sagen: „Das kann aber nicht sein" und es gleich noch einmal rechnen. Manchmal wird Sie der Taschenrechner mit den Ergebnissen verblüffen.

 **Berechnung**

Versuchen Sie es zuerst einmal selbst zu lösen. Geben Sie einfach die Zahlen ein, die Sie sicher kennen und fragen das gefragte Ergebnis ab.

Eingabe	Display	Erklärung
1 GT PMT	1,00	Einmal jährliche Wertsteigerung.
4 GT N	4,00	Nach 4 Jahren soll sich das Kapital verdoppelt haben.
100 +/– PV	– 100,00	Sie zahlen einen beliebigen Betrag (hier 100 €) ein, der sich verdoppeln soll.
0 PMT	0,00	Es sollen keine regelmäßigen Leistungen erfolgen.
200 FV	200,00	Nach 4 Jahren soll sich das Kapital von 100 € verdoppelt haben – also 200 €.
I/YR	18,92	Der nominale Zins beträgt 18,92 %.
GT PV	18,92	Der effektive Zins beträgt ebenso 18,92 %. Da nur eine Zahlungsperiode pro Jahr ausgemacht wurde, so ist der effektive = nominale Zinssatz.

Ergebnis: Um eine Einmalanlage alle 4 Jahre zu verdoppeln, ist ein Zins von knapp 19 Prozent notwendig. Neben der Regel, dass niemand, kein Experte oder Analyst einen festen Zins garantieren kann, gilt: Je kürzer der Sparzeitraum, desto gefährlicher ist es, wenn zum Ende der Spardauer Kursverluste auftreten.

Im nächsten Beispiel gehen wir auf einen Verdoppelungstraum bei einem Sparplan ein.

BEISPIEL

Sie investieren monatlich 150 € in einen Aktienfonds. Ihr Ziel ist es, Ihr Geld alle vier Jahre zu verdoppeln. In den ersten drei Jahren geht es mit durchschnittlich (den für eine Verdoppelung alle vier Jahre notwendigen) 19 Prozent effektiven Zins pro Jahr gut, im letzten Jahr jedoch, während der Anleger weiterspart, sinken die Börsenkurse um 10, 20 oder 30 Prozent, also drei Varianten. Ihre Aufgabe ist es nun, den Durchschnittszins nach insgesamt vier Jahren für den gesamten Zeitraum zu schätzen und danach zu berechnen, also den Zins, den der Anleger in diesem Fall tatsächlich erzielt.

Sparplan 150 € monatliche Einzahlung		
Zins im 1. bis 3. Jahr (effektiv)	Zins im 4. Jahr (effektiv)	Zins über die Gesamtlaufzeit von 4 Jahren
19 %	– 10 %	?
19 %	– 20 %	?
19 %	– 30 %	?

Nun haben Sie die Möglichkeit, diesen Zins mit dem Taschenrechner zu ermitteln. Zuerst rechnen Sie das Vermögen aus, das Sie mit einem Zins von 19 Prozent nach drei Jahren erreichen. Danach können Sie dieses Ergebnis für die weiteren drei Rechnungen nutzen. Für die Lösung gilt: Lassen Sie die Ergebnisse nach der Teilrechnung im Taschenrechner gespeichert. Somit können Sie schnell und einfach einen Wert verändern und es neu berechnen.

Geldeinstellung & Geldpsychologie

Berechnung: Schritt 1

Eingabe	Display	Erklärung
12 GT PMT	12,00	Monatlicher Sparplan.
3 GT N	36,00	Die ersten 3 Sparjahre haben 36 Monate.
19 GT PV	19,00	Der effektive Zins beträgt in den 3 Jahren 19 %.
GT I/YR	17,52	Der nominale Zins beträgt umgerechnet 17,52 %.
0 PV	0,00	Sie leisten keine zusätzliche Einmalanlage zu Beginn.
150 +/− PMT	− 150,00	Monatlich sparen Sie 150 € (aus der Tasche = Minus-Vorzeichen).
FV	7.038,49	Nach 3 guten Börsenjahren beträgt das Vermögen 7.038,49 €.

 Nun haben Sie das Vermögen nach 3 Jahren abgefragt. Dieses Ergebnis lassen Sie im Taschenrechner gespeichert.

 Berechnung: Schritt 2

Eingabe	Display	Erklärung
12 GT PMT	12,00	Monatlicher Sparplan.
1 GT N	12,00	Das letzte Jahr umfasst 12 Monate.
10 +/− GT PV	− 10,00	Der effektive Zins beträgt im letzten Jahr − 10 %.
GT I/YR	− 10,49	Der nominale Zins beträgt umgerechnet − 10,49 %.
7038,49 +/− PV	− 7.038,49	Sie rechnen mit dem Ergebnis der ersten 3 Sparjahre weiter und zahlen dieses sozusagen als Einmalanlage ein (aus der Tasche = Minus-Vorzeichen).
150 +/− PMT	− 150,00	Monatlich sparen Sie 150 € (aus der Tasche raus = Minus-Vorzeichen).
FV	8.050,57	Ergebnis: Nach vier Sparjahren beträgt das Vermögen 8.050,57 €.

Nun haben Sie das Vermögen nach 4 Jahren und können den durchschnittlichen Zins für die gesamten 4 Jahre ausrechnen. Dazu müssen Sie das Endergebnis und alle weiteren Angaben gespeichert lassen und nur die Anzahl der Jahre und das Anfangskapital ändern.

Berechnung: Schritt 3

Eingabe	Display	Erklärung
4 GT N	48,00	Der gesamte Zeitraum des Sparplans umfasst 4 Jahre.
0 PV	0,00	Zu Beginn des Sparplans wurde keine Einmalzahlung geleistet.
I/YR	5,61	In den 4 Jahren Spardauer haben Sie einen nominalen Zinssatz von 5,61 % erzielt.
GT PV	5,75	Der effektive Zins im gesamten Zeitraum beträgt 5,75 %.

Ergebnis: Das ist die Musterlösung auch für die anderen beiden Zahlen. Um auf diese zu kommen, müssen Sie Schritt 2 und 3 wiederholen und in Schritt 2 den Zinssatz auf jeweils minus 20 bzw. minus 30 Prozent ändern.
Die Botschaft lautet: Fonds, die möglicherweise durchschnittlich 19 Prozent oder auch mehr bringen, bergen auch das Risiko, dass es 10, 20 oder 30 Prozent in einem Jahr nach unten gehen kann. Verluste am Ende der geplanten Sparzeit drücken das Gesamtergebnis auf eine insgesamt nur sehr magere Rendite. Bereits minus 20 Prozent im vierten Jahr sorgen dafür, dass Sie so gut wie keinen Gewinn erzielen, bei minus 30 Prozent endet Ihr „Verdoppelungstraum" gar mit einem Verlust. Zum Vergleich nenne ich Ihnen hier die Ergebnisse:
minus 20 %   effektiv 0,42 %
minus 30 %   effektiv –5,46 %

Meine Botschaft an Sie lautet: Lassen Sie sich als Anleger nicht von Versprechungen blenden, die schwer zu realisieren sind. Handeln Sie finanziell intelligent und hinterfragen Sie Aussagen. Hinterfragen Sie Verdoppelungs- und Wertentwicklungsaussagen.

Bedenken Sie immer, dass es auch mal nach unten gehen kann. Die Einbahnstraße zum garantierten Börsengewinn oder Verdoppelung in X Jahren gab es nie und kann es nie geben. Legen Sie nur Geld an, auf das Sie auch in schlechten Börsenzeiten verzichten können.

Verkaufen Sie nie zu einem bestimmten Zeitpunkt (zum Beispiel in genau vier Jahren).

Machen Sie aus Einmalanlagen Sparpläne

Über den Cost-Average-Effekt wird viel geschrieben. Durch regelmäßiges Sparen wird ein durchschnittlicher Kaufkurs erzielt. Bei fallenden Kursen werden mehr Anteile eines Fonds gekauft und bei steigenden Kursen weniger. Dadurch wird meist ein höherer Zins erzielt als bei Einmalanlagen. Deshalb rät eine Vielzahl von Beratern aus Einmalanlagen Sparpläne zu machen.

 BEISPIEL

Kurs des Anlageproduktes	Anlagebetrag	gekaufte Anteile
100	100	1
50	100	2
25	100	4
10	100	10
25	100	4
50	100	2
100	100	1
Summe	700	24
Gesamtwert der Fondsanteile	24 x 100 =	2.400

In diesem Beispiel hätte man in 7 Zahlungen insgesamt 700 € investiert und zum Ende einen Betrag von 2.400 € ausgezahlt bekommen. Ein Gewinn also von 1.700 €.

Doch wie wirkt sich dieser Cost-Average-Effekt in der Praxis aus? Ist er wirklich so effektiv, wie in den meisten Musterberechnungen? Anhand der größten Indizes der Welt können Sie mit dem Taschenrechner diese kurzen, spannenden Berechnungen mit selbst für Profis verblüffenden Ergebnissen durchführen. Dazu folgende zwei Beispiele bekannter Indizes.

 Berechnung

Um die Berechnung in der Tabelle durchführen zu können, geben Sie einen beliebigen, aber gleich bleibenden Betrag in die Spalten der Investitionsbeträge an. Nun können Sie diesen Betrag durch den Indexstand teilen und haben somit die gekauften Anteile. Die unteren Summen ergeben sich jeweils aus allen Investitionsbeträgen und den gekauften Anteilen. Jetzt müssen Sie nur noch den Gesamtwert der gekauften Fondsanteile ermitteln, indem Sie die Summe der gekauften Fondsanteile mit dem letzten Indexstand multiplizieren. Anhand des Taschenrechners können Sie den Zins errechnen, indem Sie folgende Schritte eingeben:

Eingabe	Display	Erklärung
12 GT PMT	12,00	Monatlicher Sparplan.
„Anzahl der Daten" N	Anzahl der Einzahlungen	Sie haben so viele Zahlungsperioden wie Daten.
0 PV	0,00	Sie leisten keine zusätzliche Einmalanlage zu Beginn.
beliebiger" Investitionsbetrag" +/– PMT	– beliebiger Investitionsbetrag	Sie zahlen einen beliebigen Betrag zum Ende eines jeden Monats in einen Aktienfonds ein.
„Gesamtwert der gekauften Fondsanteile" FV	Gesamtwert der gekauften Fondsanteile	Hier geben Sie den Betrag an, den Sie am Ende des Sparplan erreicht haben.
I/YR	nominaler Zins	Hier errechnen Sie den nominalen Zins.
GT PV	effektive Zins	Hier rechnen Sie den nominalen Zins in den effektiven Zins um.

Geldeinstellung & Geldpsychologie

DOW JONES – Bankenkrise 1906 bis 1909   © Bernd W. Klöckner

Datum	Indexstand	Investitionsbetrag	gekaufte Anteile
31.12.1906	69,12		
31.01.1907	67,18		
28.02.1907	66,33		
29.03.1907	58,72		
30.04.1907	61,76		
31.05.1907	57,21		
29.06.1907	58,87		
31.07.1907	57,78		
30.08.1907	52,95		
30.09.1907	49,61		
31.10.1907	42,27		
30.11.1907	42,79		
31.12.1907	43,04		
31.01.1908	45,93		
29.02.1908	44,35		
31.03.1908	49,46		
30.04.1908	50,95		
29.05.1908	53,30		
30.06.1908	53,18		
31.07.1908	58,85		
31.08.1908	62,02		
30.09.1908	58,55		
31.10.1908	60,46		
30.11.1908	63,95		
31.12.1908	63,11		
31.01.1909	61,06		
27.02.1909	59,96		
31.03.1909	63,09		
30.04.1909	64,68		
28.05.1909	67,53		
30.06.1909	67,60		
31.07.1909	70,90		
Summen:			
Gesamtwert der gekauften Fondsanteile:			
Effektivzins:			

Beim Dow-Jones-Sparplan von Dezember 1906 bis Juli 1909 ergibt sich ein effektiver Zins von 18,49 Prozent (genauester Wert – geringe Abweichungen möglich) pro Jahr.

DAX 30 – Kuwait Krise 1990 bis 1993

© Bernd W. Klöckner

Datum	Indexstand	Investitionsbetrag	gekaufte Anteile
31.07.1990	1.919,12		
31.08.1990	1.629,51		
28.09.1990	1.334,89		
31.10.1990	1.433,82		
30.11.1990	1.441,23		
28.12.1990	1.398,23		
31.01.1991	1.420,08		
28.02.1991	1.542,09		
28.03.1991	1.522,80		
30.04.1991	1.605,79		
31.05.1991	1.704,11		
28.06.1991	1.622,18		
31.07.1991	1.622,31		
30.08.1991	1.650,50		
30.09.1991	1.607,03		
31.10.1991	1.582,06		
29.11.1991	1.566,57		
30.12.1991	1.577,98		
31.01.1992	1.687,49		
28.02.1992	1.745,13		
31.03.1992	1.717,86		
30.04.1992	1.734,03		
29.05.1992	1.803,22		
30.06.1992	1.752,63		
31.07.1992	1.613,17		
31.08.1992	1.541,25		
30.09.1992	1.466,36		
30.10.1992	1.492,32		
30.11.1992	1.544,34		
30.12.1992	1.545,05		
29.01.1993	1.571,85		
26.02.1993	1.684,35		
31.03.1993	1.684,21		
30.04.1993	1.627,19		
28.05.1993	1.631,85		
30.06.1993	1.697,63		
30.07.1993	1.803,23		
31.08.1993	1.944,89		
Summen:			
Gesamtwert der gekauften Fondsanteile:			
Effektivzins:			

Geldeinstellung & Geldpsychologie

Beim DAX-30-Sparplan von Juli 1990 bis August 1993 ergibt sich ein effektiver Zins von 12,74 Prozent (genauester Wert – geringe Abweichungen möglich) pro Jahr.

Die alles entscheidende Botschaft lautet: Der Cost-Average-Effekt wirkt sich generell positiv auf langfristige Sparpläne aus. Ein Beweis dafür: In den letzten 40 Jahren war in 75 Prozent aller Anlagezeiträume ein Sparplan in Index-Zertifikate auf den Dow Jones effektiver als eine Einmalanlage im gleichen Zeitraum. Das heißt: Wer langfristig spart, wird den Cost-Average-Effekt lieben und durch ihn gewinnen.

Was alle Millionäre wissen: Investieren Sie zunächst in Vermögenswerte, die Einkünfte bringen

Reich wird, wer dauerhaft Gewinne erzielt. Gewinn wiederum ist die Differenz zwischen Erträgen und Aufwendungen. Das gilt für ein Unternehmen wie für einen Privathaushalt. Die wichtigste Regel auf dem Weg zu finanzieller Unabhängigkeit und finanzieller Freiheit lautet: Investieren Sie in Vermögenswerte, die Ihnen Geld bringen. Ein Beispiel: Es kann durchaus sinnvoll sein, in eine Immobilie zu investieren, wenn die durch den Kauf entstehenden Verbindlichkeiten sicher bedient werden können. Doch viele Leute investieren in Immobilien (Verbindlichkeit) in der Überzeugung, es handele sich um einen Vermögenswert. Da wird sich mit dem Argument „Ich investiere schließlich in einen Vermögenswert" weit über die Ohren verschuldet. Bis die Verbindlichkeiten einen zu erdrücken drohen. Kommt es dann auch nur zu einer unvorhergesehenen Situation, zum Beispiel kollabiert die Heizung außerhalb der Gewährleistungsfrist, ist das finanzielle Chaos nahe. Überschuldung droht. Daher gilt: Reiche Menschen investieren immer und immer wieder in Vermögenswerte. In solche Werte, die ihnen zusätzlichen Ertrag bringen. Leute der Mittelschicht investieren zum größten Teil in Verbindlichkeiten (Immobilien), überzeugt davon, dass es sich um Vermögenswerte handele. Und die Armen haben ohnehin nur eines: Kosten. Dabei gilt: Auch der Traum nach einer eigenen Immobilie lässt sich auf clevere Weise realisieren. Dazu später mehr. Der wichtige Grundsatz, den alle Millionäre bereits möglichst früh berücksichtigt haben, lautet also:

Investieren Sie zunächst ausschließlich in Vermögenswerte, die Ihnen zusätzliche Einkünfte bringen!

 BEISPIEL

Nehmen wir zwei 28-jährige junge Menschen, Karl Rechenschlau und Willi Sicher. Beide verdienen 2.500 € netto. Im Laufe der letzten 10 Jahre haben beide ein Vermögen von 30.000 € erspart. Willi Sicher steht vor der Entscheidung, sich ein Haus oder eine Wohnung zu kaufen. Schließlich behauptet jeder, das sei die beste Form der Altersvorsorge. Der Großvater hat es so gemacht, die Eltern haben es so gemacht. Also denkt er „Die werden schon Recht haben". Angenommen, die Wohnung, für die er sich interessiert, kostet 180.000 €, sie ist 90 qm groß. 30.000 € Eigenkapital bringt er ein, den Rest, also 150.000 €, finanziert er über ein Darlehen (150.000 € zu 7 Prozent Zins und 1 Prozent Tilgung).

150.000 x 8 Prozent = 12.000 € im Jahr. Das sind pro Monat immerhin 1.000 €. Nun möchte er wissen, wie lange er diesen Kredit bei einer Rate von 1.000 € abbezahlen muss. Die Laufzeit errechnen Sie wie folgt:

 Berechnung

Eingabe	Display	Erklärung
12 GT PMT	12,00	Monatliche Ratenzahlung (12 Perioden im Jahr).
7 I/YR	7,00	Der nominale Zins des Darlehens beträgt 7 %.
150000 PV	150.000,00	Der Darlehensbetrag wird für die Wohnungsinvestition zu Beginn ausgezahlt (Tasche rein – positives Vorzeichen).
1000 +/– PMT	– 1.000,00	Monatlich zahlt er 1.000 € als Rate an die Bank.
0 FV	0,00	Am Ende soll keine Restschuld mehr vorhanden sein.
N	357,51	Ergebnis: Er muss 357,51 Monate die Rate zahlen, um das Darlehen zu tilgen.

Um auf die Laufzeit in Jahren zu kommen, teilen Sie dieses Ergebnis einfach durch 12 Monate. Das Ergebnis lautet: 29,79 Jahre, das heißt: Er muss zur Darlehenstilgung 29 Jahre und ein paar Monate eine Rate/Annuität von 1.000 € an die Bank zahlen. Mit einer Formel könnten Sie die Monate wie folgt errechnen. Nehmen Sie die Nachkommastellen der Jahre und multiplizieren diese mit 12 Monaten. Das ergibt: 0,79 x 12 = 9,48 Monate.

Willi Sicher muss also 29 Jahre und 10 Monate die Annuität an die Bank zahlen um das Darlehen vollständig zu tilgen. Durch die Verbindlichkeit in Höhe von 1.000 € pro Monat reduziert sich die Sparfähigkeit von Willi Sicher auf Null. Es ist kaum finanzieller Spielraum vorhanden. Besaß er vor dem Wohnungskauf noch 30.000 € und erhebliche finanzielle Freiheit, hat er nun 30.000 € weniger und ein monatliches „Ich muss 1.000 € Rate zahlen"-Problem. Und: Willi Sicher würde, wenn er denn die Wohnung kaufen würde, gegen das Prinzip der Millionäre „*Investiere zunächst ausschließlich in Vermögenswerte, die zusätzliche Einkünfte bringen!*" verstoßen. „Ja, aber die Wohnung steigt doch im Wert und ist somit eine Geldanlage", sagen manche Leute. Im Folgenden nehmen wir dieses Argument einmal auf und vergleichen die möglichen Ergebnisse nach 30 Jahren Finanzierung.

Willi Sicher: Erwirbt eine Wohnung, investiert 30 Jahre lang eine Rate von angenommen gleichbleibenden 1.000 € monatlich, dazu zu Beginn Eigenkapital in Höhe von 30.000 €. Angenommen wird ferner, dass über die 30 Jahre Finanzierungsdauer keine weiteren Investitionen anfallen. Ferner wird angenommen, dass die Immobilie jährlich um 1,5 Prozent *an Wert gewinnt (Inflation).*

Karl Rechenschlau: Verzichtet auf einen solchen Wohnungskauf. Statt dessen rechnet er sich aus, über welches Vermögen er nach 30 Jahren verfügen kann, wenn er den Einmalbetrag (30.000 €) und die monatlichen Sparraten (abzüglich der Miete für eine vergleichbare 90 qm Wohnung, hier 7 €/Quadratmeter = 90 x 7 = 630 € Kaltmiete) zu einem effektiven Zins nach Steuern von x Prozent anlegen kann.

Die Frage ist nun: Ab welchem Zins trifft welcher der beiden Freunde voraussichtlich die bessere Entscheidung.

Rechnung 1 – Wert der Wohnung nach 30 Jahren, gerechnet mit einer Wertsteigerung von 1,5 Prozent jährlicher Inflation.

Eingabe	Display	Erklärung
1 GT PMT	1,00	Einmal jährliche Wertsteigerung durch Inflation.
30 GT N	30,00	Die gesamte Finanzierungsdauer beträgt 30 Jahre.
1,5 I/YR	1,50	Die jährliche Wertsteigerung beträgt 1,5 %.
180000 +/- PV	– 180.000,00	Der Wert zu Beginn beträgt 180.000 €.
0 PMT	0,00	Keine regelmäßigen Zahlungen.
FV	281.354,44	Bei einer jährlichen Wertsteigerung von 1,5 % ist die Wohnung am Ende der 30 Jahre rund 281.000 € wert.
2 I/YR	2,00	Angenommen, die jährliche Wertsteigerung beträgt 2 %.
FV	326.045,09	Bei einer jährlichen Wertsteigerung von 2 % ist die Wohnung am Ende der 30 Jahre rund 326.000 € wert.
3,5 I/YR	3,50	Angenommen, die jährliche Wertsteigerung beträgt 3,5 %.
FV	505.222,87	Ergebnis: Bei einer jährlichen Wertsteigerung von immerhin 3,5 % ist die Wohnung am Ende der 30 Jahre rund 505.000 € wert.

Rechnung 2 – Wert der Einmalanlage und der möglichen Sparrate von 1.000 € minus 630 € Miete für eine 90 qm Wohnung = 370 €, angelegt in einen international anlegenden Aktienfonds. Ausgabeaufschlag für die Einmalanlage und für die monatlichen Zahlungen = 5 Prozent. Der angenommene Anlageerfolg ist wahlweise 6, 8, 10 oder 12 Prozent effektiver Zins.

Geldeinstellung & Geldpsychologie

Eingabe	Display	Erklärung
12 GT PMT	12,00	Monatlicher Sparplan mit Einmalanlage zu Beginn.
30 GT N	360,00	Die gesamte Finanzierungsdauer beträgt 30 Jahre à 12 Monate = 360 Monate.
6 GT PV	6,00	Der effektive Zins beträgt jährlich 6 %.
GT I/YR	5,84	Der nominale Zins beträgt umgerechnet 5,84 %.
30000 / 1,05 =	28.571,43	Werden 30.000 € bei einem Ausgabeaufschlag zu 5 % angelegt, kommen unterm Strich 28.571,43 € zur Anlage; Ergebnis im Display lassen.
+/− PV	− 28.571,43	Minus 28.571,43 € fließen zu Beginn aus der Tasche in den Fondssparplan.
370 / 1,05 =	352,38	Werden 370 € monatlich bei einem Ausgabeaufschlag zu 5 % angelegt, kommen unterm Strich 352,38 € zur Anlage; Ergebnis im Display lassen.
+/− PMT	− 352,38	Minus 352,38 € kommen jeden Monat zur Anlage im Fondssparplan.
FV	507.499,56	Nach 30 Jahren beträgt das Endergebnis rund 507.000 €.
8 GT PV	8,00	Angenommen, der effektive Zins beträgt jährlich 8 %.
GT I/YR	7,72	Der nominale Zins beträgt in diesem Fall umgerechnet 7,72 %.
FV	783.850,88	Nach 30 Jahren beträgt das Endergebnis in diesem Fall rund 784.000 €.
10 GT PV	10,00	Angenommen, der effektive Zins beträgt jährlich 10 %.
GT I/YR	9,57	Der nominale Zins beträgt in diesem Fall umgerechnet 9,57 %.
FV	1.225.461,04	Nach 30 Jahren beträgt das Endergebnis in diesem Fall rund 1,2 Millionen €.
12 GT PV	12,00	Angenommen, der effektive Zins beträgt jährlich 12 %.
GT I/YR	11,39	Der nominale Zins beträgt in diesem Fall umgerechnet 11,39 %.
FV	1.931.469,12	Nach 30 Jahren beträgt das Endergebnis in diesem Fall rund 1,9 Millionen €.

Ergebnis: So gut die Investition in Immobilien ist, so gut ist es, die Alternative nachzurechnen. In unserem Beispiel wurde angenommen, dass Willi Sicher keine Sorgen im Laufe der 30 Jahre als Wohnungseigentümer hat. Was in der Praxis nahezu ausgeschlossen ist. Ebenfalls wurde davon ausgegangen, dass Willi Sicher selbst 30 Jahre die Wohnung bewohnt. Wahrscheinlich ist jedoch, dass diese Wohnung irgendwann zu klein wäre, vermietet werden oder verkauft werden müsste. Hier beginnen dann die ersten Probleme. Beim Verkauf müsste er sich besser stellen als über die alternative Anlage. Bei Vermietung ist fraglich, ob er den Preis bekommt, den er benötigt, um Zins und Tilgung zu bezahlen. Und nicht selten beginnen bei Vermietung die Probleme wie Mietausfall, Schäden an der Mietsache usw.

Noch eine kleine Vergleichsrechnung zum Ende. Beim Erwerb der Wohnung fallen für Willi Sicher immerhin noch rund 6 Prozent Erwerbsnebenkosten an. Bei 180.000 € Kaufsumme sind das immerhin rund 10.800 € an zusätzlichen Kosten, die Willi Sicher irgendwie aufbringen muss. In diesem Fall plündert Willi Sicher alle seine Sparkonten und geht mit seinem Dispokredit bis ans Limit. Karl Rechenschlau dagegen stehen diese 10.800 € somit im Grunde genommen zusätzlich als Einmalanlage zur Verfügung. Insgesamt kann Karl Rechenschlau also zu Beginn 30.000 € Eigenkapital zuzüglich 10.800 € nicht zu zahlender Kosten, zusammen also 40.800 € als Einmalbeitrag aufbringen. Erst dann wäre die Gegenüberstellung auch nach zu zahlenden Erwerbsnebenkosten vergleichbar.

Das Endergebnis für Karl Rechenschlau sieht in diesem Fall wie folgt aus:

Eingabe	Display	Erklärung
12 GT PMT	12,00	Monatlicher Sparplan mit Einmalanlage zu Beginn.
30 GT N	360,00	Die gesamte Finanzierungsdauer beträgt 30 Jahre à 12 Monate = 360 Monate.
6 GT PV	6,00	Der effektive Zins beträgt jährlich 6 %.
GT I/YR	5,84	Der nominale Zins beträgt umgerechnet 5,84 %.
40.800 / 1,05 =	38.857,14	Werden 40.800 € bei einem Ausgabeaufschlag zu 5 % angelegt, kommen unterm Strich 38.857,14 € zur Anlage; Ergebnis im Display lassen.
+/– PV	– 38.857,14	38.857,14 € fließen zu Beginn aus der Tasche in den Fondssparplan.
370 / 1,05 =	352,38	Werden 370 € monatlich bei einem Ausgabeaufschlag zu 5 % angelegt, kommen unterm Strich 352,38 € zur Anlage; Ergebnis im Display lassen.
+/– PMT	– 352,38	352,38 € kommen jeden Monat zur Anlage im Fondssparplan.
FV	566.575,47	Nach 30 Jahren beträgt das Endergebnis 566.575,47 €.
8 GT PV	8,00	Angenommen, der effektive Zins beträgt jährlich 8 %.
GT I/YR	7,72	Der nominale Zins beträgt in diesem Fall umgerechnet 7,72 %.
FV	887.352,49	Nach 30 Jahren beträgt das Endergebnis in diesem Fall 887.352,49 €.
10 GT PV	10,00	Angenommen, der effektive Zins beträgt jährlich 10 %.
GT I/YR	9,57	Der nominale Zins beträgt in diesem Fall umgerechnet 9,57 %.
FV	1.404.940,61	Nach 30 Jahren beträgt das Endergebnis in diesem Fall rund 1,4 Millionen €.
12 GT PV	12,00	Angenommen, der effektive Zins beträgt jährlich 12 %.
adjustright GT I/YR	11,39	Der nominale Zins beträgt in diesem Fall umgerechnet 11,39 %.
FV	2.239.628,32	Ergebnis: Nach 30 Jahren beträgt das Endergebnis in diesem Fall rund 2,24 Millionen €.

Das Ergebnis: Nehmen wir als Beispiel die 566.575,47 als Vermögensendstand nach 30 Jahren und 6 Prozent effektivem Zins. Um dieses Vermögen bei Verkauf der Immobilie in 30 Jahren zu erzielen müsste die jährliche Wertsteigerung wie hoch sein?

Eingabe	Display	Erklärung
1 GT PMT	1,00	Ausrechnung der jährlichen Wertsteigerung.
30 GT N	30,00	Die gesamte Finanzierungsdauer beträgt 30 Jahre.
180000 +/− PV	− 180.000	Der Anfangswert beträgt 180.000 €.
0 PMT	0,00	Es werden keine Zahlungen zwischendurch geleistet.
566575,47 FV	566.575,47	Die Immobilie soll nach 30 Jahren genau den Wert haben, wie das gesparte Fondsvermögen bei einer Wertentwicklung von 6 %.
I/YR	3,90	Die notwendige Wertsteigerung der Immobilie muss jährlich 3,9 % betragen, um mit dem Fondssparplan bei 6 % netto effektivem Zins mitzuhalten.
887352,49 FV	887.352,49	Die Immobilie soll nach 30 Jahren genau den Wert haben, wie das gesparte Fondsvermögen bei einer Wertentwicklung von 8 %.
I/YR	5,46	Die notwendige Wertsteigerung der Immobilie muss jährlich 5,46 % betragen, um mit dem Fondssparplan bei 8 % netto effektivem Zins mitzuhalten.

Die alles entscheidende Botschaft lautet: Zügeln Sie Ihre Gier. Zügeln Sie die viel verbreitete „Ich will aber haben"-Mentalität. Investieren Sie nach dem Grundsatz der Millionäre. Investieren Sie in solche Vermögenswerte, die Ihnen wiederum neue Einkünfte bringen. Hüten Sie sich vor Verbindlichkeiten, wenn diese jeden finanziellen Spielraum beschneiden. Berechnen Sie stets Alternativen. Wenn Sie über Geld verfügen, eine tolle Immobilie sehen und denken „Diese Immobilie muss ich unbedingt besitzen", rechnen Sie zunächst nach, ob es sich wirklich um eine Investition in einen Vermögenswert handelt oder ob Sie vielmehr ein eher schlechtes Geschäft mit dem Kauf machen würden. Es gilt: Sorgen Sie dafür, dass Sie in Vermögenswerte investieren, die Ihnen immer wie-

der neue Einkünfte bringen. Und: Reduzieren Sie diese Vermögenswerte niemals auf Null. Sonst rutschen Sie sehr, sehr schnell von finanzieller Freiheit in finanzielle Abhängigkeit. Wobei auch gilt: Eine gute Immobilie in guter Wohnlage kann, vorausgesetzt die Zahlen stimmen, eine hervorragender Baustein zur privaten Altersvorsorge sein!

Sparen Sie (mindestens) 10 Prozent Ihres Einkommens

Diese Regel ist sehr wichtig für Ihre finanzielle Zukunft. Sparen sie mindestens 10 Prozent Ihres Einkommens. Ganz egal, ob Sie viel oder wenig verdienen. Ob Hilfsarbeiter, Auszubildender, Angestellter, Arbeiter oder Selbstständiger: Mit diesem Spargrundsatz machen Sie es richtig. Einmal im Jahr prüfen Sie Ihr Gehalt, ob es gestiegen ist und aktualisieren Ihren Sparbetrag. Durch diesen festen Sparsatz haben Sie einen guten Maßstab und halten sich so daran.

 BEISPIEL

Nehmen wir einmal einen 40-jährigen Arbeitnehmer, der ein verfügbares und gleich bleibendes Gehalt von monatlich 4.000 € hat. Jeden Monat, wenn er das Gehalt auf das Konto überwiesen bekommt, überweist er 10 Prozent des Einkommens in einen international anlegenden Aktienfonds, der durchschnittlich seinen Wert um effektiv 10 Prozent steigert. Mit 65 Jahren möchte er in Rente gehen. Über welches Vermögen verfügt er mit Beginn der Rente und welche Rente kann er sich 15 Jahre lang entnehmen, wenn er vorher das Geld in einen Rentenfonds umschichtet, der 6 Prozent effektiv bringt? Beachten Sie auch eine Inflation von jährlich 3 Prozent: Wie hoch ist dann das Vermögen nach 25 Jahren und die monatliche Rentenauszahlung (bei der Auszahlung wird keine Inflation mehr berechnet).

10 Prozent von 4.000 € = 400 €

Berechnung: Ansparphase:

Eingabe	Display	Erklärung
12 GT PMT	12,00	Monatliche Sparrate (12 Perioden im Jahr).
25 GT N	300,00	25 Jahre lang spart er in einen Aktienfonds an.
10 GT PV	10,00	Der effektive Zins beträt 10 %.
GT I/YR	9,57	Der nominale Zins beträgt umgerechnet 9,57 %.
0 PV	0,00	Er zahlt nichts zu Beginn ein.
PMT	– 400,00	Er spart 10 % seines Einkommens, also 400 €.
FV	493.329,96	Nach 25 Jahren hat er ein Vermögen von 493.329,96 € gespart.

 Nach 25 Jahren hat er durch das Sparen von 10 Prozent seines Einkommens ein Vermögen von knapp 490.000 € aufgebaut. Nun zu der Rente, die er sich 15 Jahre lang von diesem Vermögen auszahlen lassen kann. Hier schichtet er es in einen Rentenfonds um, der effektiv 6 Prozent bringt.

Berechnung: Auszahlplan

Eingabe	Display	Erklärung
12 GT PMT	12,00	Monatliche Sparrate.
15 GT N	180,00	Die Rentenauszahlung soll 15 Jahre lang erfolgen.
6 GT PV	6,00	Der effektive Zins des Rentenfonds beträgt 6 %.
GT I/YR	5,84	Der nominale Zins beträgt umgerechnet 5,84 %.
RCL FV +/– PV	– 493.329,96	Abrufen des Endergebnisses der vorigen Rechnung und dieses mit Minus-Vorzeichen als Einmalanlage speichern.
0 FV	0,00	Nach 15 Jahren Rentenauszahlungen soll kein Kapital mehr vorhanden sein.
PMT	4.120,76	Ergebnis: Als Rente kann er sich jeden Monat 4.120,76 € auszahlen lassen.

Geldeinstellung & Geldpsychologie

Als Rente kann er jeden Monat rund 4.120 € entnehmen. Das liegt sogar noch über seinem jetzigen Gehalt. Doch welchen Wert hat das Vermögen von 493.329,96 € noch nach 25 Jahren Spardauer?

Eingabe	Display	Erklärung
1 GT PMT	1,00	Jährliche Inflation.
25 GT N	25,00	25 Jahre lang soll die Inflation berechnet werden.
3 GT PV	3,00	Die Inflation beträgt 3 %.
GT I/YR	3,00	Die Inflation beträgt 3 %, eine jährliche Periode: effektiver Zins = nominaler Zins.
493329,96 FV	493.329,96	In 25 Jahren ist der Auszahlungsbetrag 493.329,96 €.
0 PMT	0,00	Es erfolgen keine regelmäßigen Zahlungen.
PV	– 235.617,14	In 25 Jahren hat das Kapital nur noch einen Wert von künftigen (PV = künftiger Wert) 235.617,14 €.

 Nun zu dem Wert der Rentenauszahlung von 4.120,76 €. Dort ändern Sie nur den Betrag – die anderen Angaben sind noch von der vorigen Rechnung korrekt im Taschenrechner gespeichert und können mit RCL geprüft werden.

Eingabe	Display	Erklärung
4120,76 FV	4.120,76	In 25 Jahren beträgt die monatliche Rentenzahlung 4.120,76 €.
PV	– 1.968,10	In 25 Jahren hat die Rente nur noch einen Wert von knapp 2.000 €.

Ergebnis: Durch das Sparen von 10 Prozent Ihres jetzigen Einkommens können Sie ein richtiges Vermögen aufbauen. Mit Einbeziehung der Inflation von 3 Prozent schrumpft das Kapital, wird aber dadurch realitätsnah errechnet. Der Auszahlbetrag liegt zwar über seinem jetzigen Einkommen, doch der faktische Wert liegt deutlich darunter.

Die alles entscheidende Botschaft lautet: Handeln Sie finanziell intelligent und sparen Sie von Ihrem verfügbarem Einkommen (mindestens) 10 Prozent in einem international anlegenden Aktienfonds. Das müssen Sie tun! Behalten Sie diese Strategie bei und aktualisieren Sie Ihren Sparbeitrag jedes Jahr. So können Sie auf Dauer nebenbei ein beträchtliches Vermögen aufbauen.

Mit 18 das erste Auto – für intelligente Sparer bereits mit 17,50 € im Monat

Ein schönes Auto zum 18. Geburtstag. Das ist für viele Jugendliche ein Traum, der nicht in Erfüllung geht. Aber warum ist das eigentlich so? Ein neuer Kleinwagen kostet rund 10.000 €. Für die meisten Eltern ist es zu viel, mal eben 10.000 € auf den Tisch zu legen. Aus diesem Grund nehmen junge Erwachsene oft Autokredite auf, um möglichst schnell in ihrem eigenen Auto zu sitzen.

 BEISPIEL

Wir werden uns heute mit zwei Personen beschäftigen. Die erste Person ist Mike Clever. Die andere Person ist Paul Wenigspar. Mike Clever hat seinen Namen, weil er eine sehr gerissene Person ist. Paul Wenigspar ist zu allem zu faul. Auch seine Eltern haben zwar stets brav für ihr Geld gearbeitet, es jedoch nie clever für sich arbeiten lassen. Paul Wenigspar ist auch zu faul, sich über Finanzierungsmöglichkeiten zu informieren. Wichtig nochmals: Die Eltern der beiden Personen verhalten sich genau so wie ihre Sprößlinge Mike und Paul.

Nun rechnen wir einmal zusammen, wie günstig ein Auto sein kann, wenn man lang genug spart.

Die Eltern von Mike Clever bekommen 150 € Kindergeld im Monat für Mike Clever, da Mike Clever ihr erstes Kind ist, ebenso die Eltern von Paul Wenigspar. Herr und Frau Clever denken sich, dass ihr Kind mit 18

Jahren ein Auto bekommen soll. Aus diesem Grund sparen sie monatlich einen Teil des Kindergeldes. Die Eheleute Wenigspar sind viel zu faul, um über das Sparen oder einen Autokauf für ihr Kind nachzudenken.

Die Eltern von Mike Clever sparen also 18 Jahre lang jeden Monat den gleichen Betrag in einen Aktienfonds, mit durchschnittlich 10 Prozent effektivem Zins. Als Mike 18 Jahre alt ist, können seine Eltern ihm 10.000 € für ein Auto geben. Wie viel haben die Eltern dafür monatlich gespart?

 Berechnung

Eingabe	Display	Erklärung
12 GT PMT	12,00	Monatlicher Sparplan.
18 GT N	216,00	18 Jahre lang soll gespart werden.
10 GT PV	10,00	Der effektive Zins beträgt 10 %.
GT I/YR	9,57	Der nominale Zins beträgt umgerechnet 9,57 %.
0 PV	0,00	Sie zahlen keine zusätzliche Einmalanlage zu Beginn.
10000 FV	10.000,00	Nach 18 Jahren soll ein Kapital von 10.000 € zu Verfügung stehen.
PMT	– 17,49	Um ein Vermögen von 10.000 € in 18 Jahren aufbauen zu können, müssen die Eltern Clever monatlich rund 17,50 € sparen.

Ein Auto zu finanzieren ist nicht schwer, wenn Sie genug Zeit haben. Bis Ihr Kind 18 ist, haben Sie 18 Jahre Zeit. In dieser Zeit ist es für jeden möglich, ein Auto zu finanzieren, da man bei monatlich 17,50 € nach 18 Jahren schon 10.000 € hat.

Nun rechnen wir zusammen, welche weit reichenden Folgen richtige – oder auch falsche – Geldentscheidungen in frühen Jahren haben können. Dabei geht es insbesondere auch um die langfristigen Nachteile von Kreditaufnahmen.

Paul Wenigspar ist nun 18 Jahre alt. Geld hat Paul Wenigspar nicht, aber ein Auto will er trotzdem haben. Er beschließt, einfach einen Kredit aufzunehmen, um dann von dem Geld ein Auto zu kaufen. Er bekommt bei einer Bank einen Kredit mit 9 Prozent Zinsen. Da Paul Wenigspar mit 18 monatlich nicht sehr viel Geld zur Verfügung steht, wählt er eine Laufzeit von 72 Monaten. Wie hoch ist die monatliche Kreditrate? Drücken Sie vorher die Tasten GT C, damit die Angaben aus der vorherigen Rechnung gelöscht werden.

Eingabe	Display	Erklärung
12 GT PMT	12,00	Monatliche Ratenzahlung.
72 N	72,00	In 72 Raten soll die Schuld beglichen werden.
9 GT PV	9,00	Der effektive Zins beträgt 9 %.
GT I/YR	8,65	Der nominale Zins beträgt umgerechnet 8,65 %.
10000 PV	10.000,00	Zu Beginn erhält Paul Wenigspar 10.000 € (in die Tasche = positives Vorzeichen).
0 FV	0,00	Nach 72 Raten soll die Schuld von 10.000 € beglichen sein.
PMT	– 178,52	Die monatliche Kreditrate beträgt 178,52 € (aus der Tasche = Minus-Vorzeichen).

Paul Wenigspar muss also sechs Jahre lang jeden Monat knapp 180 € entrichten, damit die Schuld getilgt werden kann. Mike Clever spart gleichzeitig jeden Monat dieselben 180 € in einem Aktienfonds. Wie hoch ist das Vermögen, das Mike während der sechs Jahre aufbaut, in denen Paul das Auto abbezahlen muss? Er bekommt durchschnittlich, angenommene 10 Prozent Zins im Jahr.

Geldeinstellung & Geldpsychologie

Eingabe	Display	Erklärung
12 GT PMT	12,00	Monatlicher Sparplan.
6 GT N	72,00	6 Jahre lang soll gespart werden.
10 GT PV	10,00	Der effektive Zins beträgt 10 %.
GT I/YR	9,57	Der nominale Zins beträgt umgerechnet 9,57 %.
0 PV	0,00	Er leistet keine zusätzliche Einmalanlage zu Beginn.
178,52 +/− PMT	− 178,52	Er spart 178,52 € monatlich.
FV	17.273,22	Ergebnis: Nach 6 Jahren hat Mike Clever ein Kapital von 17.273,22 € erspart.

Mit 24 Jahren besitzen beide, Mike Clever und Paul Wenigspar, ein bezahltes Auto im gleichen Wert. Mike jedoch hat zusätzlich ein Vermögen von knapp 17.000 € angespart (davon haben seine Eltern effektiv 3.780 € selbst investiert = 17,50 € x 12 x 18 Jahre).

Lassen Sie mich diese fiktive, jedoch wichtige Geschichte weiter erzählen: Mit 24 Jahren beschließen Mike Clever und Paul Wenigspar, monatlich jeweils 100 € in einen Aktienfonds zu sparen. Der Unterschied ist, dass Mike Clever noch über ein Startkapital von 17.273,22 € verfügt. 26 Jahre später sind die beiden 50 Jahre alt. Sie gehen beide in Rente und haben sich durch sinnvolles Investieren ein private Rente finanziert. Wie hoch ist der Unterschied zwischen den Vermögen der beiden aufgrund der Tatsache, dass Mike Clever ein zusätzliches Startkapital anlegen konnte?

Zuerst der Rechenweg von Paul Wenigspar:

Eingabe	Display	Erklärung
12 GT PMT	12,00	Monatlicher Sparplan.
26 GT N	312,00	26 Jahre lang soll gespart werden.
10 GT PV	10,00	Der effektive Zins beträgt 10 %.
GT I/YR	9,57	Der nominale Zins beträgt umgerechnet 9,57 %.
0 PV	0,00	Er zahlt keine zusätzliche Einmalanlage zu Beginn ein.
100 +/− PMT	− 100,00	Er spart 100 € monatlich in einen Aktienfonds.
FV	136.919,79	Nach 26 Jahren hat Paul Wenigspar ein Kapital von 136.919,79 € aufgebaut.

Lassen Sie das Ergebnis im Display stehen und speichern Sie den Endwert also 136.919,79 € im manuellen Speicher ab. Der manuelle Speicher ist mit den Tasten → M, RM, M+ zu betätigen. Mit → M speichern Sie einen Wert – mit RM fragen Sie den Speicher ab – mit M+ addieren Sie etwas zum manuellen Speicher dazu.

Eingabe	Display	Erklärung
RCL FV	136.919,79	Sie rufen das Endergebnis der Sparjahre ins Display zurück.
→M	136.919,79	Sie speichern die Zahl in den manuellen Speicher ab.

Nun zum Vermögen von Mike Clever – dazu brauchen Sie nur noch Mikes Startkapital in PV speichern.

Eingabe	Display	Erklärung
17273,22 +/– PV	– 17.273,22	Speichern des Startkapitals von Mike Clever.
FV	342.785,08	Nach 26 Jahren hat Mike Clever ein Kapital von 342.785,08 € erspart.

Nun zu dem Unterschied der beiden Endvermögen. Dazu rufen Sie nur das Endergebnis ins Display zurück und addieren diesen mit negativem Vorzeichen in den manuellen Speicher. Mit dem negativem Vorzeichen bezwecken Sie, dass dieser Wert vom gespeicherten Wert abgezogen wird. Die Speichertaste M+ addiert die Zahlen, doch mit dem Minus-Vorzeichen ergibt sich Folgendes: 136.919,79 + (–342.785,08) = 136.919,79 –342.785,08

Eingabe	Display	Erklärung
RCL FV	342.785,08	Sie rufen das Endergebnis der Sparjahre ins Display zurück.
+/– M+	– 342.785,08	Sie addieren die negative Zahl zum manuellen Speicher. Das Minus-Vorzeichen ist wichtig, da Sie wie oben beschrieben subtrahieren.
RM	– 205.865,29	Sie fragen den Speicher mit RM ab. Der Unterschied zwischen Mike Clevers und Paul Wenigspars Kapital liegt bei 205.865,29 €.

Das Vermögen von Mike Clever ist – nur wegen der zusätzlichen Einmalanlage – mehr als doppelt so groß wie das Vermögen von Paul Wenigspar.

Nun können wir noch ermitteln, wie hoch die monatlichen Renten von den beiden in der Entnahmephase sind. Die Entnahmephase läuft 20 Jahre, also vom 50. bis 70. Lebensjahr. Der angenommene, durchschnittliche Zins in der Entnahmephase beträgt vorsichtige 6 Prozent. Nun können Sie mit GT C alle Angaben aus dem Speicher löschen.

Zuerst berechnen wir die Rente von Paul Wenigspar:

Eingabe	Display	Erklärung
12 GT PMT	12,00	Monatlicher Entnahmeplan.
20 GT N	240,00	20 Jahre lang soll ausbezahlt werden.
6 GT PV	6,00	Der effektive Zins beträgt 6 %.
GT I/YR	5,84	Der nominale Zins beträgt umgerechnet 5,84 %.
136919,79 +/– PV	– 136.919,79	Ihm steht für die Rente zu Beginn ein Betrag von 136.919,79 € zur Verfügung, die er einbezahlt, also aus der Tasche = negatives Vorzeichen.
0 FV	0,00	Nach 20 Jahren sollen die monatlichen Zahlungen das Kapital vollständig aufgezehrt haben.
PMT	968,42	Er kann sich monatlich 968,42 € auszahlen lassen (in die Tasche = positives Vorzeichen).

 Auch hier müssen Sie nur das Anfangskapital ändern.

Nun zur Rente für Mike Clever:

Eingabe	Display	Erklärung
342785,08 +/– PV	– 342.785,08	Ihm steht für die Rente zu Beginn ein Betrag von 342.785,08 € zu Verfügung.
PMT	2.424,49	Er kann sich monatlich 2.424,49 € auszahlen lassen.

Auch bei der Rentenauszahlung hat Mike Clever einen klaren Vorteil gegenüber Paul Wenigspar. Er kann sich in 20 Jahren Rentenalter knapp 1.500 € mehr auszahlen lassen als Paul Wenigspar. Bis jetzt wurde bei allen Zahlen die Wirkung der Inflation außer Acht gelassen. Um Ihnen jedoch auch hier einen Vergleich zu ermöglichen, abschließend noch folgende Berechnung:

Wie viel sind die 10.000 € für das Auto, bei einer Inflationsrate von 3 Prozent, nach 18 Jahren noch wert? Löschen Sie vorher mit GT C alle Angaben aus dem Speicher des Taschenrechners.

Eingabe	Display	Erklärung
1 GT PMT	1,00	Einmal jährliche Inflation.
18 GT N	18,00	18 Jahre lang ist die Inflation zu berechnen.
3 I/YR	3,00	Der Inflationszins beträgt 3 %. Dieser ist gleich dem effektiven Zins, da nur eine jährliche Inflation erfolgt.
0 PMT	0,00	Es sollen keine regelmäßigen Zahlungen erfolgen.
10000 FV	10.000,00	In 18 Jahren ist der Auszahlungsbetrag 10.000 €.
PV	– 5.873,95	In 18 Jahren haben die 10.000 € noch eine heutige Kaufkraft von 5.873,95 €.

Nach 18 Jahren könnten Sie sich also ein Auto im Wert von knapp 6.000 € kaufen. So können Sie nun auch den Wert der Rente bei der ersten Auszahlung an Mike Clever und Paul Wenigspar inflationsbereinigt ermitteln.

Hinweis: Zur Inflationsberechnung kommt immer wieder die Frage, welche Zahl nun auf PV oder FV gespeichert werden soll, und ob die Inflation mit einer negativen Prozentzahl von PV heruntergerechnet oder FV mit einer positiven Prozentzahl auf PV abgezinst werden soll. Die wichtigste Erklärung vorab: Jeder dieser Wege ist richtig, es kommt lediglich auf die Erklärung an.

BEISPIEL 1

Gefragt ist, wie viel ein Betrag in Höhe von 100.000 €, den Sie in 20 Jahren bekommen, per heutiger Kaufkraft wert ist. Angenommene Inflation: 3 Prozent.

 Berechnung

Eingabe	Display	Erklärung
1 GT PMT	1,00	Einmal jährliche Inflation.
20 GT N	20,00	20 Jahre lang ist die Inflation zu berechnen.
3 I/YR	3,00	Der Inflationszins beträgt 3 %.
0 PMT	0,00	Es sollen keine regelmäßigen Zahlungen erfolgen.
100000 FV	100.000,00	In 20 Jahren ist der Auszahlungsbetrag 100.000 €.
PV	− 55.367,58	Nach heutiger Kaufkraft sind die 100.000 € in 20 Jahren noch knapp 55.000 € wert.

 BEISPIEL

Jemand, 30 Jahre alt, hat eine private Rentenversicherung abgeschlossen. Wenn er später anstatt der Kapitalauszahlung die lebenslange Leibrente als Option, könnte er gleichbleibend monatlich 1.200 € ausgezahlt bekommen. Was heute nach einer ganz ordentlichen Zusatzrente aussieht, erweist sich beim Nachrechnen als nicht so hoch. Welchen heutigen Wert hat die erste Rentenauszahlung nach 30 Jahren bei einer Inflation von 3 Prozent?

 **Berechnung**

Eingabe	Display	Erklärung
1 GT PMT	1,00	Einmal jährliche Inflation.
30 GT N	30,00	30 Jahre lang ist die Inflation zu berechnen.
3 I/YR	3,00	Der Inflationszins beträgt 3 %.
0 PMT	0,00	Es sollen keine regelmäßigen Zahlungen erfolgen.
1200 FV	1.200,00	In 30 Jahren ist die erste Rentenauszahlung 1.200 €.
PV	– 494,38	Ergebnis: Nach heutiger Kaufkraft ist die erste Rentenauszahlung über 1.200 € noch knapp 500 € wert.

 BEISPIEL 2

Jemand misstraut bei der Geldanlage allen Banken und Versicherungen. Er verfügt momentan über ein Vermögen von 100.000 €. Statt das Geld anzulegen, verwahrt er es lieber im Sparstrumpf unter der Matratze. Die Frage ist: Was sind diese 100.000 € in 50 Jahren noch an Kaufkraft wert? Inflation: 3 Prozent.

 Berechnung

Eingabe	Display	Erklärung
1 GT PMT	1,00	Einmal jährliche Inflation.
50 GT N	50,00	50 Jahre lang ist die Inflation zu berechnen.
+/– 3 I/YR	– 3,00	Der Inflationszins beträgt 3 %.
100000 PV	100.000,00	Heute hat er 100.000 €.
0 PMT	0,00	Es sollen keine regelmäßigen Zahlungen erfolgen.
FV	– 21.806,54	Ergebnis: In 50 Jahren ist der Wert des Geldes auf knapp 22.000 € geschrumpft.

BEISPIEL 3

Jemand plant, in 15 Jahren mit der Arbeit aufzuhören. Die Person möchte sich für diesen Zeitpunkt einen monatlichen Betrag ausrechnen, der heute 2.400 € entspricht. Wie hoch ist dieser Betrag? Inflation: 3 Prozent.

Berechnung

Eingabe	Display	Erklärung
1 GT PMT	1,00	Einmal jährliche Inflation.
15 GT N	15,00	15 Jahre lang ist die Inflation zu berechnen.
3 I/YR	3,00	Der Inflationszins beträgt 3 %.
2400 PV	2.400,00	Das Geld soll einem heutigen Wert von 2.400 € entsprechen.
0 PMT	0,00	Es sollen keine regelmäßigen Zahlungen erfolgen.
FV	– 3739,12	Der Entnahmebetrag nach 15 Jahren muss bei 3739,12 € liegen, um einen heutigen Wert von 2.400 € zu entsprechen.

BEISPIEL 4

Jemand weiß (Annahme), dass er in 25 Jahren einen Betrag in Höhe von 120.000 € erhält. Er hat keine Vorstellung davon, welcher Kaufkraft dieser Betrag heute entspricht. Sie rechnen bei einer Inflation von 3 Prozent nach:

Geldeinstellung & Geldpsychologie

Berechnung

Eingabe	Display	Erklärung
1 GT PMT	1,00	Einmal jährliche Inflation.
25 GT N	25,00	25 Jahre lang ist die Inflation zu berechnen.
+/– 3 I/YR	– 3,00	Der Inflationszins beträgt 3 %.
0 PMT	0,00	Es sollen keine regelmäßigen Zahlungen erfolgen.
120000 FV	120.000,00	In 25 Jahren ist der Auszahlungsbetrag 120.000 €.
PV	– 256.973,23	Die 120.000 € haben eine heutige Kaufkraft von rund 257.000 €.

Ergebnis: Die Fragestellung entscheidet in der Regel darüber, in welcher Reihenfolge Sie rechnen, bzw. wie Sie – bei Inflation – die Tasten PV und FV belegen. Zurück zum letzten Fall:

 BEISPIEL

Gefragt ist nun, wie viel Wert die erste Rentenauszahlung von Mike Clever nach 50 Jahren hat. Vorher können Sie GT C drücken.

 Berechnung

Eingabe	Display	Erklärung
1 GT PMT	1,00	Einmal jährliche Inflation.
50 GT N	50,00	50 Jahre lang ist die Inflation zu berechnen.
3 I/YR	3,00	Der Inflationszins beträgt 3 %.
0 PMT	0,00	Es sollen keine regelmäßigen Zahlungen erfolgen.
2424,49 FV	2.424,49	In 50 Jahren ist die erste Rentenauszahlung 2.424,49 €.
PV	– 553,04	In 50 Jahren haben die 2.424,49 € noch eine heutige Kaufkraft von 553,04 €.

In 50 Jahren schrumpft der gegenwärtige Betrag von 2.424,49 €
auf knapp 550 €. Es ist also wichtig, die Inflation in so einem Fall
zu berücksichtigen, da sonst im Rentenalter nicht über den Wert
verfügt werden kann, den man sich erhofft hat. Nun zu Paul Wenigspar,
der noch weniger Rente haben sollte als Mike Clever. Da Sie die Berechnung für Mike schon durchgeführt haben, ändern Sie im Taschenrechner
nur noch einen Wert:

Eingabe	Display	Erklärung
968,42 FV	968,42	Die Rentenauszahlung von Paul Wenigspar in 50 Jahren liegt bei 968,42 €.
PV	– 220,90	Der Wert der Rentenauszahlung in 50 Jahren entspricht einer heutigen Kaufkraft von 220,90 €.

Durch die Berücksichtigung der Inflation wird man vor bösen Überraschungen geschützt und kann so realistischer in die Zukunft blicken. Erst in diesen Beispielen sieht man, welche Auswirkung die jährliche Geldentwertung hat. Hätte man Paul Wenigspar die Rente von knapp 970 € genannt, so wäre er vielleicht zufrieden gewesen. Erst mit Einbezug der Inflation sieht er, dass er noch mehr sparen muss, um im Rentenalter nicht in finanzielle Schwierigkeiten zu geraten.

Doch im Rückblick auf die gesamte Aufgabe: Hand aufs Herz. Hätten Sie gedacht, dass sich eine clevere Geldentscheidung der Eltern von Mike Clever über viele Jahre derart auswirken kann? Dadurch, dass die Eltern von Mike Clever lediglich 17,50 € im Monat von der Geburt an über 18 Jahre anlegten, sicherten sie ihrem Sohn einen wichtigen, finanziellen Vorteil bis hin zur Zeit nach dem Erwerbsleben. Dieses Beispiel zeigt eindrucksvoll, wie selbst kleinste Sparbeiträge bei entsprechender Anlagedauer zu erheblicher Wirkung führen. Auch die Inflation hat in so einer langen Anlagedauer große Auswirkungen. Dieses sollten Sie bei solchen Aufgaben in jedem Fall einbeziehen.

Aktuell: Riester-Rente zum Nachrechnen
(Stand 31.03.2002)

Die Riester-Rente – kompliziert und für viele Gesellschaften keineswegs der erwartete Verkaufsschlager. Trotzdem ist das Berechnen und Vergleichen mit dem Taschenrechner hier sehr interessant. Seit Beginn des Jahres existiert diese Form der staatlichen Förderung, die helfen soll, die Rentenlücke im Alter zu schließen. Doch wie gut ist die Riester-Rente für jeden Einzelnen? Während sie in einigen Fällen durchaus aufgrund der gewährten Zulagen lohnend ist, ist es in anderen Fällen vorteilhafter, auf eine private Vorsorge zu setzen, bei der eine höhere Verzinsung im Blickpunkt steht. Das wäre etwa bei einem Aktienfondssparplan möglich, in den Sie selbst einzahlen und durch einen besseren Zinseszinseffekt über längere Zeit die Riester-Förderung überholen. Auch ein steuerlicher Effekt muss berücksichtigt werden, denn die Riester-Renten-Auszahlung ist voll zu versteuern, während eine private Vorsorge nur mit dem Ertragsanteil zu versteuern ist. Jedoch kann für die Riester-Rente beim Ansparen ein Sonderausgabenabzug angesetzt werden. Diese steuerlichen Aspekte werden aber in den folgenden Beispielen nicht berücksichtigt, da es im Einzelfall unterschiedlich sein kann.

In den kommenden Berechnungen, die man anhand des HP 10 B Rechners problemlos durchführen kann, gehe ich auf die staatliche Förderung ein, jedoch nicht auf steuerliche Aspekte. Folgende Förderungen sind möglich:

☐ Zulagen

Grundzulagen werden vom Staat voll gezahlt, wenn der Arbeitnehmer einen Mindestbeitrag zahlt. Mindestens muss er zahlen:

in 2002 und 2003	1 % des Vorjahresbruttolohnes, maximal 525 € abzüglich der Altersvorsorgezulage
in 2004 und 2005	2 % des Vorjahresbruttolohnes, maximal 1.050 € abzüglich der Altersvorsorgezulage

| in 2006 und 2007 | 3 % des Vorjahresbruttolohnes, maximal 1.575 € abzüglich der Altersvorsorgezulage |
| ab 2008 | 4 % des Vorjahresbruttolohnes, maximal 2.100 € abzüglich der Altersvorsorgebetrags |

☐ **Grundzulage**

Zahlt der Arbeitnehmer die genannten Mindestbeiträge, so hat er Anrecht auf folgende, jährliche Grundzulage:

in 2002 und 2003 auf	38 €
in 2004 und 2005 auf	76 €
in 2006 und 2007 auf	114 €
in 2008 und 2009 auf	154 €

☐ **Kinderzulage**

Zahlt der Arbeitnehmer auch hier die genannten Mindestbeiträge, so hat er Anrecht auf folgende, jährliche Kindergeldzulage auf jedes Kind, für das Kindergeld ausgezahlt wird:

in 2002 und 2003	46 €
in 2004 und 2005	92 €
in 2006 und 2007	138 €
ab 2008	185 €

Folgende Beispiele für das bessere Verständnis:

1. Ein 30-jähriger Arbeitnehmer ohne Kinder hat ein Bruttojahreseinkommen von 50.000 €. Der Mindestbeitrag für die volle Förderung im Jahr 2002 liegt somit bei 500 € (1 Prozent von 50.000 €). Von den 500 € wird die Grundzulage von 38 € abgezogen und er müsste somit einen Betrag von 462 € jährlich zahlen, damit er die volle Zulage von 38 € bekommt.

2. Ein 40-jähriger Arbeitnehmer mit 2 Kindern hat ein Bruttojahreseinkommen von 100.000 €. Der Mindestbeitrag für die volle Förderung im Jahr 2002 würde somit bei 1.000 € (1 Prozent von 100.000 €) liegen. Da der Maximalbeitrag in 2002 aber bei 525 € liegt, wird von diesem Betrag die Kinderzulage von 92 € (46 € x 2 Kinder) und die Grundzulage von 38 € abgezogen. Er muss also mindestens 395 € jährlich sparen um die volle Zulage zu bekommen.

Nun zu einem Beispiel zur Riester-Rente, das Sie mit dem Taschenrechner lösen können. Hier wird wiederum nur die staatliche Förderung einbezogen und alle weiteren steuerlichen Aspekte außen vor gelassen. Es wird ein Riester-Renten-Sparplan, der 7 Prozent effektiven Zins bringt, mit einem privaten Aktienfondssparplan, der durchschnittlich 9, 10 bzw. 11 Prozent bringt, verglichen. Dieses Beispiel ist sehr komplex und ich bitte Sie, dort gedanklich voll einzusteigen, damit es gut nachvollziehbar ist und von Ihnen umgesetzt werden kann.

 BEISPIEL

Ein 40-jähriger Arbeitnehmer verdient im Jahr 50.000 € brutto (jährlicher Anstieg des Gehalts: 2 Prozent). Er ist Vater zweier Kinder, sechs und sieben Jahre alt, und erhält die doppelte Kinderzulage bis die beiden Kinder jeweils 18 Jahre alt sind. Der 40-Jährige geht mit 65 in Rente. Ist es für den Sparer sinnvoller einen Riester-Vertrag abzuschließen, oder sollte er besser privat mit einem Aktienfondssparplan vorsorgen? Die nun folgende Tabelle gibt Ihnen schon einmal Auskunft über die Lohnentwicklung und die Förderung. Der Sparer versucht die höchst mögliche Förderung zu bekommen und dafür den optimalen Betrag zu sparen.

Das Einkommen erhöht sich zum Vorjahr jeweils um 2 Prozent. Die Zulagen steigen jeweils bis 2008 in Zweijahresabständen um 130 €. Danach bleiben Sie auch wieder gleich, bis unser Sparer im Jahr 2014 nur noch für ein Kind die Kinderzulage von 185 € bekommt und im Jahr 2015 die Kinderzulage vollständig wegfällt. Die eigenen Beiträge verändern sich wegen des „Mindestbeitrages für maximale Zulage" und der verschieden hohen Zulagen.

Jahr	Alter	Lohn im Vorjahr	Mindestbeitrag für max. Zulage	Zulage insgesamt	eigener Sparbetrag pro Jahr	eigener Sparbetrag pro Monat	Kapital am Ende des Jahres bei 7 % eff. p.a.	Kapital + Zulagen am Jahresende	Aktienfondssparplan ohne Förderung bei		
									9 Prozent	10 Prozent	11 Prozent
2002	40	50.000,00	500,00	130,00	370,00	30,83	381,68	511,68	384,98	386,62	388,26
2003	41	51.000,00	510,00	130,00	380,00	31,67	939,59	1.069,59	815,10	822,45	829,81
2004	42	52.020,00	1.040,40	260,00	780,40	65,03	1.949,55	2.209,55	1.700,51	1.720,20	1.740,05
2005	43	53.060,40	1.050,00	260,00	790,00	65,83	3.179,21	3.439,21	2.675,60	2.717,77	2.760,49
2006	44	54.121,61	1.575,00	390,00	1.185,00	98,75	4.902,51	5.292,51	4.149,52	4.227,92	4.307,76
2007	45	55.204,04	1.575,00	390,00	1.185,00	98,75	6.885,54	7.275,54	5.756,10	5.889,09	6.025,24
2008	46	56.308,12	2.100,00	524,00	1.576,00	131,33	9.410,73	9.934,73	7.914,11	8.124,95	8.341,93
2009	47	57.434,28	2.100,00	524,00	1.576,00	131,33	12.256,07	12.780,07	10.266,33	10.584,39	10.913,46
2010	48	58.582,97	2.100,00	524,00	1.576,00	131,33	15.300,58	15.824,58	12.830,26	13.289,78	13.767,86
2011	49	59.754,63	2.100,00	524,00	1.576,00	131,33	18.558,20	19.082,20	15.624,94	16.265,71	16.936,24
2012	50	60.949,72	2.100,00	524,00	1.576,00	131,33	22.043,86	22.567,86	18.671,14	19.539,22	20.453,15
2013	51	62.168,72	2.100,00	524,00	1.576,00	131,33	25.773,52	26.297,52	21.991,50	23.140,10	24.356,91
2014	52	63.412,09	2.100,00	339,00	1.761,00	146,75	29.955,15	30.294,15	25.803,25	27.294,43	28.884,28
2015	53	64.680,33	2.100,00	154,00	1.946,00	162,17	34.422,45	34.576,45	30.150,61	32.057,57	34.103,86
2016	54	65.973,94	2.100,00	154,00	1.946,00	162,17	39.004,52	39.158,52	34.889,23	37.297,03	39.897,58
2017	55	67.293,42	2.100,00	154,00	1.946,00	162,17	43.907,33	44.061,33	40.054,32	43.060,43	46.328,62
2018	56	68.639,29	2.100,00	154,00	1.946,00	162,17	49.153,33	49.307,33	45.684,28	49.400,17	53.467,08
2019	57	70.012,07	2.100,00	154,00	1.946,00	162,17	54.766,56	54.920,56	51.820,93	56.373,89	61.390,76
2020	58	71.412,31	2.100,00	154,00	1.946,00	162,17	60.772,71	60.926,71	58.509,87	64.044,97	70.186,05
2021	59	72.840,56	2.100,00	154,00	1.946,00	162,17	67.199,29	67.353,29	65.800,83	72.483,17	79.948,82
2022	60	74.297,37	2.100,00	154,00	1.946,00	162,17	74.075,74	74.229,74	73.747,97	81.765,18	90.785,49
2023	61	75.783,32	2.100,00	154,00	1.946,00	162,17	81.433,53	81.587,53	82.410,35	91.975,40	102.814,20
2024	62	77.298,98	2.100,00	154,00	1.946,00	162,17	89.306,37	89.460,37	91.852,35	103.206,64	116.166,07
2025	63	78.844,96	2.100,00	154,00	1.946,00	162,17	97.730,31	97.884,31	102.144,12	115.561,00	130.986,64
2026	64	80.421,86	2.100,00	154,00	1.946,00	162,17	106.743,93	106.879,93	113.362,16	129.150,80	147.437,47
							Vorteil zur Riester Rente		6.464,23	22.252,87	40.539,54

© Bernd W. Klöckner; www.berndwkloeckner.de

Nun zu der Berechnung des Vermögens, das der 40-Jährige in 25 Jahren bei einem Riester-Sparplan erreichen kann. Hier müssen Sie jedes Jahr einzeln berechnen, da am Ende eines jeden Jahres die jährliche Förderung des Staates in den Sparplan einfließt und diese Rechnung über den Taschenrechner nur so möglich ist. Folgende Rechenschritte müssen Sie erledigen:

 Berechnung: 1. Jahr

Eingabe	Display	Erklärung
12 GT PMT	12,00	Monatlicher Sparplan.
1 GT N	12,00	Für jedes einzelne Jahr müssen Sie die Berechnung durchführen.
7 GT PV	7,00	Der effektive Zins beträgt 7 %.
GT I/YR	6,78	Der nominale Zins beträgt umgerechnet 6,78 %.
0 PV	0,00	Er leistet keine zusätzliche Einmalanlage zu Beginn.
30,83 +/– PMT	– 30,83	Im ersten Jahr zahlt er 30,83 € monatlich in den Riester-Sparplan.
FV	381,68	Nach einem Jahr hat er durch die Zinsen ein Kapital von 381,68 € aufgebaut; Ergebnis im Display lassen.
+ 130 = +/– PV	– 511,68	Die Zulage von 130 € wird am Ende des Jahres auf das Kapital nach Zinsen addiert und als Einmalanlage ins 2. Jahr gespeichert.

Jetzt haben Sie schon einmal für das erste Jahr berechnet, was nach Zinsen und Zulagen herauskommt, dieses mit Minuszeichen versehen und in PV als Einmalanlage des neuen Jahres gespeichert.

Berechnung: 2. bis 7. Jahr

Eingabe	Display	Erklärung
31,67 +/− PMT	− 31,67	Im 2. Jahr zahlt er 31,67 € monatlich in den Riester-Sparplan.
FV	939,59	Nach dem 2. Jahr hat er ein Kapital von 939,59 € aufgebaut; Ergebnis im Display lassen.
+ 130 = +/− PV	− 1.069,59	Die Zulagen des 2. Jahres von 130 € werden am Ende des Jahres auf das Kapital nach Zinsen addiert und als Einmalanlage ins 3. Jahr gespeichert.
65,03 +/− PMT	− 65,03	Im 3. Jahr zahlt er 65,03 € monatlich in den Sparplan.
FV	1.949,55	Ergebnis des 3. Jahres; im Display lassen.
+ 260 = +/− PV	− 2.209,55	Ergebnis des 3. Jahres plus Zulagen, als Einmalanlage ins 4. Jahr speichern.
65,83 +/− PMT	− 65,83	Im 4. Jahr zahlt er 65,83 € monatlich in den Sparplan.
FV	3.179,21	Ergebnis des 4. Jahres – Ergebnis im Display lassen.
+ 260 = +/− PV	− 3.439,21	Ergebnis des 4. Jahres plus Zulagen, als Einmalanlage ins 5. Jahr speichern.
98,75 +/− PMT	− 98,75	Im 5. Jahr zahlt er monatlich 98,75 € in den Sparplan.
FV	4.902,51	Ergebnis des 5. Jahres; im Display lassen.
+ 390 = +/− PV	− 5.292,51	Ergebnis des 5. Jahres plus Zulagen, als Einmalanlage ins 6. Jahr speichern.
98,75 +/− PMT	− 98,75	Im 6. Jahr zahlt er monatlich 98,75 € in den Riester-Sparplan (dieser Schritt ist nicht notwendig, da der gleiche Betrag noch vom Vorjahr gespeichert ist).
FV	6.885,54	Ergebnis des 6. Jahres; im Display lassen.
+ 390 = +/− PV	− 7.275,54	Ergebnis des 6. Jahres plus Zulagen, als Einmalanlage ins 7. Jahr speichern.
+/− 131,33 PMT	− 131,33	Ab dem 7. Jahr zahlt er monatlich 131,33 € in den Riester-Sparplan.
FV	9.410,73	Ergebnis des 7. Jahres; im Display lassen.
+ 524 = +/− PV	− 9.934,73	Ergebnis des 7. Jahres plus Zulagen, als Einmalanlage ins 8. Jahr speichern.

Geldeinstellung & Geldpsychologie

Ab dem Jahr 2008 bleiben die Sparraten und Zulagen, bis er keine Zulagen mehr für die Kinder bekommt, gleich. Das heißt, dass der Wert PMT erst im Jahr 2014 wieder verändert wird. Die Zulagen müssen weiterhin am Ende des Jahres manuell auf den Endwert addiert werden. Deshalb ist es auch weiterhin notwendig, jedes Jahr einzeln zu berechnen.

Berechnung: 8. bis 12. Jahr

Eingabe	Display	Erklärung
FV	12.256,07	Ergebnis des 8. Jahres; im Display lassen.
+ 524 = +/− PV	− 12.780,07	Ergebnis des 8. Jahres plus Zulagen, als Einmalanlage ins 9. Jahr speichern.
FV	15.300,58	Ergebnis des 9. Jahres; im Display lassen.
+ 524 = +/− PV	− 15.824,58	Ergebnis des 9. Jahres plus Zulagen, als Einmalanlage ins 10. Jahr speichern.
FV	18.558,20	Ergebnis des 10. Jahres; im Display lassen.
+ 524 = +/− PV	− 19.082,20	Ergebnis des 10. Jahres plus Zulagen, als Einmalanlage ins 11. Jahr speichern.
FV	22.043,86	Ergebnis des 11. Jahres; im Display lassen.
+ 524 = +/− PV	− 22.567,86	Ergebnis des 11. Jahres plus Zulagen, als Einmalanlage ins 12. Jahr speichern.
FV	25.773,52	Ergebnis des 12. Jahres; im Display lassen.
+ 524 = +/− PV	− 26.297,52	Ergebnis des 12. Jahres plus Zulagen, als Einmalanlage ins 13. Jahr speichern.

Im Jahr 2014 entfällt für den Riester-Sparer die Zulage für ein Kind, im Jahr 2015 auch für das zweite Kind, sodass er nur noch die Grundzulage bekommt. Ab dann bleiben die Zulagen mit 154 € und der Sparbeitrag mit 162,17 € bis zum Sparplanende gleich hoch.

Berechnung: 13. bis 25. Jahr

Eingabe	Display	Erklärung
146,75 +/– PMT	– 146,75	Im 13. Jahr zahlt er 146,75 € monatlich in den Riester-Sparplan.
FV	29.955,15	Ergebnis nach dem 13. Jahr; im Display lassen.
+ 339 = +/– PV	– 30.294,15	Ergebnis nach dem 13. Jahr plus Zulagen, als Einmalanlage ins 14. Jahr speichern.
162,17 +/– PMT	– 162,17	Ab dem 14. Jahr zahlt er 162,17 € monatlich in den Riester-Sparplan.
FV	34.422,45	Ergebnis nach dem 14. Jahr; im Display lassen.
+ 154 = +/– PV	– 34.576,45	Ergebnis nach dem 14. Jahr plus Zulagen, als Einmalanlage ins 15. Jahr speichern.
FV	39.004,52	Ergebnis nach dem 15. Jahr; im Display lassen.
+ 154 = +/– PV	– 39.158,52	Ergebnis nach dem 15. Jahr plus Zulagen, als Einmalanlage ins 16. Jahr speichern.
FV	43.907,33	Ergebnis nach dem 16. Jahr; im Display lassen.
+ 154 = +/– PV	– 44.061,33	Ergebnis nach dem 16. Jahr plus Zulagen, als Einmalanlage ins 17. Jahr speichern.
FV	49.153,33	Ergebnis nach dem 17. Jahr; im Display lassen.
+ 154 = +/– PV	– 49.307,33	Ergebnis nach dem 17. Jahr plus Zulagen, als Einmalanlage ins 18. Jahr speichern.
FV	54.766,56	Ergebnis nach dem 18. Jahr; im Display lassen.
+ 154 = +/– PV	– 54.920,56	Ergebnis nach dem 18. Jahr plus Zulagen, als Einmalanlage ins 19. Jahr speichern.
FV	60.772,71	Ergebnis nach dem 19. Jahr; im Display lassen.
+ 154 = +/– PV	– 60.926,71	Ergebnis nach dem 19. Jahr plus Zulagen, als Einmalanlage ins 20. Jahr speichern.
FV	67.199,29	Ergebnis nach dem 20. Jahr; im Display lassen.
+ 154 = +/– PV	– 67.353,29	Ergebnis nach dem 20. Jahr plus Zulagen, als Einmalanlage ins 21. Jahr speichern.

FV	74.075,74	Ergebnis nach dem 21. Jahr; im Display lassen.
+ 154 = +/− PV	− 74.229,74	Ergebnis nach dem 21. Jahr plus Zulagen, als Einmalanlage ins 22. Jahr speichern.
FV	81.433,53	Ergebnis nach dem 22. Jahr; im Display lassen.
+ 154 = +/− PV	− 81.587,53	Ergebnis nach dem 22. Jahr plus Zulagen, als Einmalanlage ins 23. Jahr speichern.
FV	89.306,37	Ergebnis nach dem 23. Jahr; Ergebnis im Display lassen.
+ 154 = +/− PV	− 89.460,37	Ergebnis nach dem 23. Jahr plus Zulagen, als Einmalanlage ins 24. Jahr speichern.
FV	97.730,31	Ergebnis nach dem 24. Jahr; im Display lassen.
+ 154 = +/− PV	− 97.884,31	Ergebnis nach dem 24. Jahr plus Zulagen, als Einmalanlage ins 25. Jahr speichern.
FV	106.743,93	Ergebnis nach dem 25. Jahr; im Display lassen.
+ 154	106.897,93	Ergebnis nach dem 25. Jahr plus Zulagen.

Somit haben Sie das Endergebnis für den Riester-Sparplan berechnet. Der 40-jährige Arbeitnehmer könnte mit der Riester-Rente einen Endbetrag von 106.897,93 € erreichen. Nun stellt er sich die Frage, wie wohl die private Vorsorge abschneiden würde, wenn er selbst in einen Aktienfondssparplan einzahlt und dieser durchschnittlich pro Jahr 9, 10 oder 11 Prozent effektiven Zins bringt. Bei dieser Berechnung bekommt er keine Zulagen und spart genau den gleichen monatlichen Betrag, wie beim Riester-Sparplan.

Aktienfondssparplan mit 9 Prozent effektivem Zins

 Berechnung: 1. Jahr

Eingabe	Display	Erklärung
12 GT PMT	12,00	Monatlicher Sparplan (12 Perioden im Jahr).
1 GT N	12,00	Für das 1. Jahr müssen Sie die Berechnung einzeln durchführen.
9 GT PV	9,00	Der effektive Zins beträgt 9 %.
GT I/YR	8,65	Der nominale Zins beträgt umgerechnet 8,65 %.
0 PV	0,00	Er leistet keine Einmalanlage zu Beginn.
30,83 +/– PMT	– 30,83	Im 1. Jahr zahlt er monatlich 30,83 € in den Aktienfondssparplan.
FV	384,98	Nach einem Jahr hat er ein Kapital von 384,98 € aufgebaut; Ergebnis im Display lassen.
+/– PV	– 384,98	Das Ergebnis nach dem 1. Jahr wird als Einmalanlage ins neue Jahr gespeichert.

 Da sich im 2. bis 5. Jahr die monatliche Rate verändert, muss dort nur noch dieser Betrag verändert werden. Alle anderen Angaben bleiben gleich.

Berechnung: 2. bis 5. Jahr

Eingabe	Display	Erklärung
31,67 +/− PMT	− 31,67	Im 2. Jahr zahlt er monatlich 31,67 € in den Aktienfondssparplan.
FV	815,10	Nach dem 2. Jahr hat er ein Kapital von 815,10 €; Ergebnis im Display lassen.
+/− PV	− 815,10	Das Ergebnis nach dem 2. Jahr wird als Einmalanlage ins 3. Jahr gespeichert.
65,03 +/− PMT	− 65,03	Im 3. Jahr zahlt er monatlich 65,03 € in den Aktienfonds.
FV	1.700,51	Ergebnis nach dem dritten Jahr; im Display lassen.
+/− PV	− 1.700,51	Ergebnis nach dem 3. Jahr als Einmalanlage ins 4. Jahr speichern.
65,83 +/− PMT	− 65,83	Im 4. Jahr zahlt er monatlich 65,83 € in den Aktienfondssparplan.
FV	2.675,60	Ergebnis nach dem 4. Jahr; Ergebnis im Display lassen.
+/− PV	− 2.675,60	Ergebnis nach dem 4. Jahr als Einmalanlage ins 5. Jahr speichern.

 Im 5. und 6. Jahr werden zwei gleich hohe Monatsbeträge gezahlt, sodass nicht beide einzeln berechnet werden müssen, sondern zusammen. Das wird folgendermaßen gemacht:

Berechnung: 5. und 6. Jahr

Eingabe	Display	Erklärung
2 GT N	24,00	Er spart 2 Jahre lang monatlich den gleichen Betrag.
98,75 +/− PMT	− 98,75	Im 5. und 6. Jahr zahlt er monatlich 98,75 € in den Aktienfonds.
FV	5.756,10	Ergebnis nach dem 6. Jahr; im Display lassen.
+/− PV	− 5.756,10	Ergebnis nach dem 6. Jahr als Einmalanlage ins 7. Jahr speichern.

 Auch für das 7. bis 12. Jahr bleibt die monatliche Sparrate gleich, sodass man auch hier mit sechs Jahren rechnet.

 Berechnung: 7. bis 12. Jahr

Eingabe	Display	Erklärung
6 GT N	72,00	Er spart 6 Jahre lang monatlich den gleichen Betrag.
131,33 +/− PMT	− 131,33	Im 7. bis 12. Jahr zahlt er monatlich 131,33 € in den Aktienfonds.
FV	21.991,50	Ergebnis nach dem 12. Jahr; Ergebnis im Display lassen.
+/− PV	− 21.991,50	Ergebnis nach dem 12. Jahr als Einmalanlage ins 13. Jahr speichern.

 Im 13. Jahr muss man wieder einzeln rechnen. Ab dem 14. Jahr kann man bis zum 25. Jahr mit einem gleichen Betrag weiterrechnen.

Berechnung: 13. bis 25. Jahr

Eingabe	Display	Erklärung
1 GT N	12,00	Er spart ein Jahr lang monatlich den gleichen Betrag.
146,75 +/– PMT	– 146,75	Im 13. Jahr zahlt er monatlich 146,75 € in den Fonds.
FV	25.803,25	Ergebnis nach dem 13. Jahr; im Display lassen.
+/– PV	– 25.803,25	Ergebnis nach dem 13. Jahr als Einmalanlage ins 14. Jahr speichern.
12 GT N	144,00	Er spart 12 Jahre lang monatlich den gleichen Betrag.
162,17 +/– PMT	– 162,17	Er spart 12 Jahre lang den Betrag von 162,17 € in einen Aktienfonds.
FV	113.362,16	Nach 25 Jahren hat er ein Vermögen von 113.362,16 € ohne Zulagen angespart.

 Ohne die Riester-Rente würde der Familienvater ein höheres Vermögen ansparen, wenn der Aktienfondssparplan durchschnittlich eine effektive Wertentwicklung von 9 Prozent bringt. Werden die Steuern mit einbezogen, so kann sich dieses Ergebnis verändern. Deshalb sollte sich jeder persönlich beraten lassen, damit das beste Ergebnis zustande kommt.

Ergebnis: Die Berechnung für das Ergebnis mit 10 Prozent und 11 Prozent effektivem Zins des Aktienfondssparplans können Sie ermitteln, indem Sie im ersten Jahr den Zins auf 10 oder 11 Prozent speichern. Die monatliche Sparrate und die Spardauer kann so entnommen werden, wie auch schon in der obigen Berechnung durchgeführt. Die Ergebnisse können Sie mit der auf Seite 163 angegebenen Tabelle vergleichen.

Die entscheidende Botschaft lautet: Nicht für jeden ist die Riester-Rente vorteilhaft. Aufgrund verschiedener Aspekte muss von einem Fachmann genau berechnet werden, welche Vorsorge einem am meisten einbringt. Das vielleicht hohe Honorar des Beraters bekommen Sie durch die vorteilhaftere Lösung wieder heraus. Schon in diesem Beispiel hat sich gezeigt, dass zwischen den Beträgen mal eben 40.000 € liegen können. Gehen Sie also zu einem Fachmann und scheuen nicht sein Honorar.

Teil E

Wie Sie finanzielle Intelligenz in der Praxis anwenden und Gewinn bringend umsetzen

Produktvergleich: Immer nur das Beste

Sie haben auf den letzten Seiten zahlreiche Berechnungen zum Thema „Richtiger Umgang mit Geld" durchgeführt. Im Folgenden erwarten Sie nun einige Beispiele aus der alltäglichen Geldpraxis. Beispiele, mit denen Sie so oder ähnlich immer wieder konfrontiert werden. Neu jedoch ist: Sie besitzen nun das entscheidende Know-how, um einen Sachverhalt erst berechnen und dann beurteilen zu können. Sie sind also künftig in vielen Fällen nicht mehr darauf angewiesen zu glauben, was Ihnen in Bezug auf Geld so alles von den unterschiedlichsten Instituten versprochen wird. Das Gegenteil ist der Fall: In den meisten Fällen können Sie künftig selbstständig überprüfen, was von einer Aussage zum Thema Geld und Sparen, was von einem neuen Geldprodukt zu halten ist.

 BEISPIEL

Sie lesen in einer bekannten Wirtschaftszeitung, dass eine große Versicherungsgesellschaft eine Ausbildungsversicherung anbietet. Das Angebot lautet: Wenn Sie ab der Geburt Ihres Kindes 20 Jahre lang 29 € in die Versicherung einzahlen, bekommt Ihr Kind 12.482 € ausgezahlt. Nun haben Sie mit dem Taschenrechner einen großen Vorteil gegenüber den Menschen, die diese Anlage etwa mit einem Investmentfonds vergleichen möchten, es aber nicht können. Sie vergleichen die Ausbildungsversicherung mit einem Investmentfondssparplan, ohne Berücksichtigung der Steuern, jedoch unter Beachtung eines Ausgabeaufschlages von 5 Prozent. Da bei der Ausbildungsversicherung im Falle des Todes des Vaters die Auszahlung des Versicherungsbetrags gewährleistet ist, muss beim Fondssparplan auch eine Absicherung inbegriffen sein. Diese kann durch den Abschluss einer Risikolebensversicherung gegeben werden. So eine Risikolebensversicherung kostet für einen 30-jährigen Vater rund 3 €, die von der möglichen Anlage der 29 € in den Aktienfonds abgezogen werden. Es verbleiben also nur noch 26 € die Sie in den Fonds monatlich investieren können. Doch zuerst rechnen Sie den Zins der Ausbildungsversicherung aus.

 **Berechnung**

Eingabe	Display	Erklärung
12 GT PMT	12,00	Monatliche Zahlung (12 Perioden im Jahr).
20 GT N	240,00	Die Versicherung läuft 20 Jahre.
0 PV	0,00	Einmalzahlungen erfolgen nicht.
29 +/− PMT	−29,00	Monatlich zahlen Sie 29 €.
12482 FV	12.482,00	Am Ende der Laufzeit erhalten Sie eine Ablaufleistung von 12.482 €.
I/YR	5,40	Der nominale Zins beträgt 5,4 %.
GT PV	5,53	Der effektive Zins beträgt umgerechnet 5,53 %.

Der Zins der Ausbildungsversicherung beträgt 5,53 Prozent. Ein Aktienfonds wird dort über diesen Zeitraum sehr wahrscheinlich besser abschneiden. Nun rechnen wir mit einem Aktienfonds bei einem angenommenen Zins von 8, 9, 10 bzw. 11 Prozent aus, welche Anlage besser ist. Zur Anlage in den Aktienfonds kommen 26 €, wovon der Ausgabeaufschlag von 5 Prozent abgezogen wird. 26 € geteilt durch 1,05 ist gleich 24,76 €, die Sie jeden Monat in den Aktienfonds investieren.

Eingabe	Display	Erklärung
12 GT PMT	12,00	Monatlicher Sparplan (12 Perioden im Jahr).
20 GT N	240,00	Sie führen den Aktienfondssparplan genauso lange wie die Versicherung (20 Jahre).
8 GT PV	8,00	Der effektive Zins beträgt 8 %.
GT I/YR	7,72	Der Nominale Zins beträgt umgerechnet 7,72 %.
0 PV	0,00	Sie leisten keine Einmalanlage zu Beginn.
24,76 +/– PMT	– 24,76	Monatlich kommen 24,76 € zur Anlage.
FV	14.088,42	Mit dem Aktienfondssparplan würden Sie 14.088,42 € erreichen.

Bei einem Zins von 8 % erreichen Sie also schon einen höheren Betrag als mit der Versicherung. Nun zu den anderen Zinssätzen, die dann noch höher ausfallen werden.

Eingabe	Display	Erklärung
9 GT PV	9,00	Der effektive Zins beträgt 9 %.
GT I/YR	8,65	Der nominale Zins beträgt umgerechnet 8,65 %.
FV	15.817,97	Mit einem Zins von 9 % würden Sie 15.817,97 € erreichen.

Eingabe	Display	Erklärung
10 GT PV	10,00	Der effektive Zins beträgt 10 %.
GT I/YR	9,57	Der nominale Zins beträgt umgerechnet 9,57 %.
FV	17.784,10	Mit einem Zins von 10 % würden Sie 17.784,10 € erreichen.

Eingabe	Display	Erklärung
11 GT PV	11,00	Der effektive Zins beträgt 11 %.
GT I/YR	10,48	Der nominale Zins beträgt umgerechnet 10,48 %.
FV	20.019,57	Mit einem Zins von 11 % würden Sie 20.019,57 € erreichen.

Nun können Sie noch ausrechnen, welchen Zins der Aktienfonds mindestens erreichen muss, damit dieser gleich auf mit dem Vermögen der Ausbildungsversicherung ist. Dazu stellen Sie die Ablaufleistung der Ausbildungsversicherung als Endvermögen in den Speicher des Taschenrechners.

Eingabe	Display	Erklärung
12482 FV	12.482,00	Die Versicherungssumme der Ausbildungsversicherung liegt bei 12.482 €.
I/YR	6,73	Der nominale Zins beträgt 6,73 %.
GT PV	6,94	Sie rechnen in den effektiven Zins um.

Ergebnis: Der Grenzzins, also der Zins des Aktienfonds, bei dem beide Vermögen zum Ende der Laufzeit gleich hoch sind, liegt bei knapp 7 % effektiv. Das ist für einen Aktienfonds bei der angenommenen Laufzeit realistisch. Sie sollten jedoch gerade zum Ende des Aktienfondssparplan darauf achten, dass es zu keinen größeren Verlusten kommt bzw. dass Sie in risikoärmere Fondsanlagen als international anlegende Aktienfonds wechseln (so genanntes Ablaufmanagement). Hierbei sollte das Vermögen ungefähr zwei bis drei Jahre vor Laufzeitende des Sparplans in einen Rentenfonds umgeschichtet werden.
Sie sollten also vorher genau darauf achten, was am günstigsten und vorteilhaftesten ist. Eine Ausbildungsversicherung hört sich immer gut an, da man für seine Kinder so gut wie möglich vorsorgen möchte. Doch wenn Sie selbst für sich die Ausbildungsversicherung aus verschiedenen Produkten kombinieren, haben Sie sehr oft einen Vorteil, in diesem Fall Ihr Kind, dem mit 20 Jahren ein Betrag zu Verfügung steht, der vielleicht 8.000 € höher liegt als bei der Ausbildungsversicherung. Sie haben mit dem Taschenrechner die Möglichkeit solche Berechnungen schnell und einfach durchzuführen und mit den Jahren tausende Euro zu sparen. Es ist wichtig, dass Sie nachrechnen, denn nicht

generell alle Versicherungen sind schlecht(er). Es gibt immer wieder einige gute Angebote, die Sie durch den Taschenrechner herausfinden können. Ein gutes Angebot zeichnet sich im Falle der Ausbildungsversicherung dadurch aus, dass die Alternative (Kombination aus Risikolebensversicherung und Investmentfondssparplan) nur geringfügig bessere Ergebnisse bringt.

Rechnen Sie mit dem Taschenrechner einige Produkte, die Sie in der Praxis finden. So können Sie Produkte testen und mit dem Taschenrechner trainieren.

 BEISPIEL

In der Zeitung lesen Sie ein Angebot einer Bank. Folgende Fakten sind angegeben:

- 20-jähriger, monatlicher Sparplan über einen von Ihnen ausgemachten Betrag.
- Das Geld wird auf einem Sparbuch angelegt, was einen nominalen Zins von 2,5 Prozent bringt.
- Nach jedem Jahr bekommen Sie einen verschieden hohen Bonus auf Ihre Einzahlungen im jeweiligen Jahr:

Jahr	Bonus
1. Jahr	0 Prozent
2. Jahr	1 Prozent
3. Jahr	4 Prozent
4. Jahr	5 Prozent
5. Jahr	6 Prozent
6. Jahr	8 Prozent
7. Jahr	10 Prozent
8. Jahr	15 Prozent
9. Jahr	20 Prozent
10. Jahr	25 Prozent
11. Jahr	30 Prozent
12. Jahr	35 Prozent
13. Jahr	40 Prozent
14. Jahr	45 Prozent
15. – 20. Jahr	50 Prozent

- Die Kündigungsfrist des Vertrags liegt bei 3 Monaten.

Sie möchten nun wissen, welcher Durchschnittszins sich ergibt, wenn Sie in diesen Sparplan 20 Jahre lang 100 € einzahlen. Denn, in den letzten 5 Jahren bekommen Sie immerhin verlockende 50 Prozent Bonus auf die im jeweiligen Jahr eingezahlten Beträge. Das wären bei 1.200 € jährlicher Einzahlungssumme immerhin 600 €. Wie gesagt: Das Angebot hört sich zunächst sehr verlockend an. Doch der hohe Bonus trügt! Rechnen wir gemeinsam nach:

Um den Zins des Bonussparplans zu ermitteln, müssen Sie zuerst das Vermögen ausrechnen, das Sie nach den 20 Jahren erhalten. Danach können Sie den Durchschnittszins berechnen. Als Erstes erstellen Sie eine Tabelle mit den verschiedenen Boni der jeweiligen Jahre. So können Sie später schnell und einfach das Vermögen mit dem jeweiligen Bonus addieren.

Jahr	Einzahlungen in €	Bonus in Prozent	Bonus in €
1	1.200	0	0
2	1.200	1	12
3	1.200	4	48
4	1.200	5	60
5	1.200	6	72
6	1.200	8	96
7	1.200	10	120
8	1.200	15	180
9	1.200	20	240
10	1.200	25	300
11	1.200	30	360
12	1.200	35	420
13	1.200	40	480
14	1.200	45	540
15	1.200	50	600
16	1.200	50	600
17	1.200	50	600
18	1.200	50	600
19	1.200	50	600
20	1.200	50	600

Da nach jedem Jahr ein Bonus auf Ihre Einzahlungen erfolgt, müssen Sie jedes Jahr einzeln berechnen. Die ersten beiden Jahre können Sie dennoch in einem Schritt rechnen, da im ersten Jahr kein Bonus gezahlt wird.

Berechnung: 1. und 2. Jahr

Eingabe	Display	Erklärung
12 GT PMT	12,00	Monatlicher Sparplan (12 Perioden im Jahr).
2 GT N	24,00	Sie können die ersten beiden Jahr zugleich rechnen.
2,5 I/YR	2,50	Der nominale Zins des Sparbuchs beträgt 2,5 %.
0 PV	0,00	Sie zahlen keine Einmalanlage zu Beginn.
100 +/- PMT	- 100,00	Monatlich möchten Sie 100 € sparen.
FV	2.458,39	Nach 2 Jahren haben Sie ein Vermögen von 2.458,39 € erreicht.

Nach zwei Jahren erhalten Sie den ersten Bonus von einem Prozent auf die im zweiten Jahr eingezahlten Beträge. Die Zahlen können Sie der obigen Tabelle entnehmen und mit dem Vermögen nach den zwei Jahren addieren.

Eingabe	Display	Erklärung
RCL FV + 12 = +/- PV	- 2.470,39	Sie addieren den Bonus auf das Vermögen nach 2 Jahren und speichern dieses als Einmalanlage ins 3. Jahr.
1 GT N	12,00	Ab nun können Sie nur noch jedes Jahr einzeln berechnen.
FV	3.746,71	Nach 3 Jahren haben Sie ein Vermögen von 3.746,71 € erreicht; im Display lassen.
+ 48 = +/- PV	- 3.794,71	Sie addieren den Bonus von 48 € auf das Vermögen nach dem 3. Jahr und speichern dieses als Einmalanlage ab.

FV	5.104,51	Nach 4 Jahren haben Sie ein Vermögen von 5.104,51 € erreicht; Ergebnis im Display lassen.
+ 60 = +/− PV	5.164,51	Sie addieren den Bonus von 60 € auf das Vermögen des 4. Jahres und speichern es als Einmalanlage ins 5. Jahr ab.
FV	6.508,96	Nach 5 Jahren haben Sie ein Vermögen von gut 6.500 € erreicht; im Display lassen.
+ 72 = +/− PV	− 6.580,96	Sie addieren den Bonus von 72 € zum Vermögen des 5. Jahres und speichern es als Einmalanlage in 6. Jahr ab.
usw.	...	

Nun kennen Sie das Schema zur Lösung des Bonussparplans. Versuchen Sie nun, diese Rechnung weiter zu entwickeln. Erst wenn Sie das Vermögen nach 20 Jahren erreicht haben, schauen Sie auf die unten angegebene Lösung.

Nach 20 Jahren hätten Sie ein Vermögen von 38.627,97 €. Insgesamt haben Sie 24.000 € an Eigenleistung erbracht und 6.528 € Boni bekommen. Nun möchten Sie den Zins wissen, um diese Anlage mit anderen zu vergleichen.

Eingabe	Display	Erklärung
12 GT PMT	12,00	Monatlicher Sparplan (12 Perioden im Jahr).
20 GT N	240,00	Sie zahlen 20 Jahre lang in den Sparplan ein.
0 PV	0,00	Sie zahlen keine Einmalanlage zu Beginn.
100 +/− PMT	− 100,00	Monatlich möchten Sie 100 € sparen.
38627,97 FV	38.627,97	Nach 20 Jahren haben Sie 38.627,97 € erhalten.
I/YR	4,46	Sie haben einen nominalen Zins von 4,46 % erreicht.
GT PV	4,55	Umgerechnet ist es ein effektiver Zins von 4,55 %.

In der gesamten Anlage haben Sie einen effektiven Zins von 4,55 Prozent erreicht. Sie haben durch die Boni den Zins des Sparbuches um zwei Prozent erhöht. Das Angebot sieht auf den ersten Blick sehr verlockend aus. Erst bei dieser Berechnung kann man sehen, dass es nicht unbedingt die beste Anlageform ist. Jedoch, die Auszahlung ist 100-prozentig gewährleistet, so dass für sehr sicherheitsorientierte Anleger solch eine Anlage in Betracht kommen könnte.

Nun können Sie noch ausrechnen, was heraus käme, wenn Sie auf den Bonus verzichten und in einen Investmentfonds investieren, der einen effektiven Zins von 8 Prozent erzielt. So zahlen Sie also nur die Beträge aus eigener Tasche ein und bekommen keinen Zuschuss.

Eingabe	Display	Erklärung
12 GT PMT	12,00	Monatlicher Sparplan (12 Perioden im Jahr).
20 GT N	240,00	Sie sparen monatlich 20 Jahre lang.
8 GT PV	8,00	Der effektive Zins beträgt 8 %.
GT I/YR	7,72	Der nominale Zins des Investmentfonds beträgt umgerechnet 7,72 %.
0 PV	0,00	Sie zahlen keine Einmalanlage zu Beginn.
100 +/- PMT	-100,00	Monatlich sparen Sie 100 €.
FV	56.899,91	Nach 20 Jahren haben Sie ein Vermögen von 56.889,91 € erreicht.

Nun hätten Sie schon knapp 18.000 € mehr, wenn Sie nachgerechnet und auf den Bonus verzichtet hätten. Um für Investmentfonds mit 10 und 12 Prozent nachzurechnen, brauchen Sie nur die Zinssätze im Taschenrechner entsprechend zu variieren und FV abfragen.

Eingabe	Display	Erklärung
10 GT PV	10,00	Der effektive Zins beträgt 10 %.
GT I/YR	9,57	Der nominale Zins des Investmentfonds beträgt umgerechnet 9,57 %.
FV	71.825,92	Bei einem Zins von 10 % hätten Sie nach 20 Jahren haben ein Vermögen von knapp 72.000 € erreicht.

Eingabe	Display	Erklärung
12 GT PV	12,00	Der effektive Zins beträgt 12 %.
GT I/YR	11,39	Der nominale Zins des Investmentfonds beträgt umgerechnet 11,39 %.
FV	91.121,11	Bei einem Zins von 12 % hätten Sie nach 20 Jahren ein Vermögen von rund 91.000 € erreicht.

Ergebnis: Nur durch das Nachrechnen erzielen Sie einiges Geld mehr, wenn sich der Investmentfonds so entwickelt, wie hier angenommen. Bei 10 Prozent Zins hätten Sie knapp 33.000 €, bei 12 Prozent sogar 52.000 € mehr Vermögen aufgebaut. Hier sieht man deutlich, dass finanzielle Intelligenz vom Nachrechnen abhängt. Es ist wichtig, dass Sie vor Abschluss irgendeines Finanzproduktes genau nachrechnen.

Rechnen Sie gerade bei solchen Anlageformen nach. Lassen Sie sich nicht durch den ersten Blick zu dieser Anlageform verführen. Es ist wichtig, solche Angebote zu durchschauen und sich für oder gegen eine solch sichere Anlage zu entscheiden. Rechnen, rechnen, rechnen ist für die Zukunft das Wichtigste. Bauen Sie den Taschenrechner in Ihrem Alltag ein. So können Sie auch nach längerer Rechenpause solche Aufgaben spielerisch lösen.

BEISPIEL

Im Jahr 2001 erhielt ich folgende Anfrage. Es sollte ein Lebensversicherungs-Check durchgeführt werden.

Finanz-Institut Klöckner KG
Herr Bernd W. Klöckner

per Fax: 02621/942121

Lebensversicherungs-Check

Guten Tag Herr Klöckner,

hier nun wie letzte Woche telefonisch besprochen die Angaben zu meinen zwei Lebensversicherungen mit der Bitte um Prüfung, ob es sich für mich lohnt, Veränderungen für einen optimaleren Vermögensaufbau vorzunehmen.

Noch ein Hinweis: Beide Versicherungen wurden schon einmal während der Laufzeit verändert, deswegen hier nur Zahlen der letzten Jahre wegen der Dynamik.

	LV 1	LV 2
Gesellschaft:	Hamburg-Mannheimer	Deutscher Ring
Beginn:	1. 4. 1990	?
Rate 1999:	halbj. 5.341,75 DM	mtl. 178,00 DM
Rate 2000:	halbj. 5.662,15 DM	mtl. 186,90 DM
Rate 2001:	halbj. 6.002,17 DM	mtl. 196,20 DM
Steigerung:	6 %	5 %
Rückkaufswert in	4/2001: 74.447,46 DM	12/2000: 16.936,60 DM
Ablaufleistung o. Dynamik:	660.577,86 DM in 4/2018	133.270,50 DM in 9/2018
Ablaufleistung b. Beitragsfreistellung ab 4/2001:	184.551,28 DM	12/2000: 61.266,60 DM

In der LV 1 ist eine Berufsunfähigkeits-Zusatzversicherung mit aktuell 673,30 EUR pro Monat bei Berufsunfähigkeit enthalten.

Es existiert noch eine Risiko-LV (abgeschlossen beim Hausbau 1996) i.H.v. 450.000,- DM für zwei Leben (meine Frau und ich). Laufzeit bis 2016. Außerdem eine allein ausreichende BUZ. Zusätzlich noch eine Direkt-LV über die Firma bis 2028 (maximal erlaubter Beitrag).

Was raten Sie mir? Für Rückfragen stehe ich Ihnen gerne telefonisch zur Verfügung.

Mit freundlichen Grüßen

Hier hat ein Leser meines Coaching-Briefes zwei Lebensversicherungen abgeschlossen, die nun auf ihre Ablaufleistung geprüft werden sollen. Sie sollten mit einem Fondssparplan verglichen werden. Der Versicherte möchte wissen, ob es sich lohnt, wenn er die Versicherungen kündigt und den Rückkaufswert und die monatlichen Zahlungen in einen Aktienfonds mit 5 Prozent Ausgabeaufschlag umschichtet. Außerdem interessiert ihn welchen Zins er erzielen muss. Die Dynamik in den Zahlungen soll nicht beachtet werden, und es wird mit der Rate von 2001 gerechnet werden. Es sind noch DM-Werte angegeben, die in Euro-Werte ohne jegliche Umrechnung getauscht wurden. Die zusätzlich zu den Lebensversicherungen bestehenden Risikolebens-, Berufsunfähigkeits- und Direktlebensversicherung reichen als „Versicherungslösung" aus.

☐ **Zur LV 1:**

Zu der ersten Lebensversicherung rechnen Sie den Zins aus, der bei der Aktienfondsanlage erzielt werden muss, um das selbe Vermögen nach 17 Jahren zu bekommen, wie bei der Lebensversicherung.

 Berechnung

Eingabe	Display	Erklärung
2 GT PMT	2,00	Die Beiträge werden halbjährlich gezahlt.
17 GT N	204,00	Die Versicherung läuft noch 17 Jahre.
74447,46 / 1,05 = +/– PV	– 70.902,34	Würden Sie die Versicherung nun kündigen, erhielten Sie 74.447,46 € Rückkaufswert, den Sie bei Abzug des Ausgabeaufschlags zu Beginn in den Aktienfonds einzahlen.
6002,17 / 1,05 = +/– PMT	– 5.716,35	Sie zahlen halbjährlich den Beitrag unter Abzug des Ausgabeaufschlags in den Aktienfonds.
660577,86 FV	660.577,86	Nach 17 Jahren soll das Vermögen der Aktienfondsanlage gleich dem der Lebensversicherung sein.
I/YR	7,91	Der nominale Zins der Aktienfondsanlage müsste bei 7,91 % liegen, um die Versicherung zu toppen.
GT PV	8,06	Sie rechnen in den effektiven Zins um.

Falls nun die Versicherung gekündigt wird, so müsste die Aktienfondsanlage mindestens einen Zins von 8,06 Prozent erzielen, um die Ablaufleistung der Versicherung zu toppen. Nun soll errechnet werden, welches Vermögen erreicht würde, wenn ein Zins bei der Aktienfondsanlage von 10 und 12 Prozent erzielt werden würde.

Eingabe	Display	Erklärung
10 GT PV	10,00	Der effektive Zins der Aktienfondsanlage soll 10 % betragen.
GT I/YR	9,76	Der nominale Zins beträgt umgerechnet 9,76 %.
FV	833.221,72	Bei einem Zins von 10 %, würde der Aktienfondssparplan ein Vermögen von rund 830.000 € erreichen.

Mit 10 Prozent wäre es ein Vermögen von knapp 830.000 € und damit um 170.000 € höher als bei der Versicherung. Nun noch der Vergleich mit 12 Prozent.

Eingabe	Display	Erklärung
12 GT PV	12,00	Der effektive Zins der Aktienfondsanlage soll 12 % betragen.
GT I/YR	11,66	Der nominale Zins beträgt umgerechnet 11,66 %.
FV	1.061.982,28	Bei einem Zins von 12 %, würde der Aktienfondssparplan ein Vermögen von rund 1,6 Millionen € erreichen.

Das Vermögen der Aktienfondsanlage liegt gegenüber der Lebensversicherung um knapp 400.000 € höher.

Nun kann noch ausgerechnet werden, welcher Zins erzielt werden müsste, wenn ab nun keine Beiträge mehr in die Lebensversicherung, sondern in einen Aktienfonds eingezahlt werden. Als Ablaufleistung würde somit nur noch ein Betrag von 184.551,28 € ausgezahlt werden. Um das notwendige Vermögen von 660.577,86 € zu erreichen, muss also die Differenz der beiden Vermögen (476.026,58 €) nach 17 Jahren im Aktienfonds zu Verfügung stehen.

Eingabe	Display	Erklärung
0 PV	0,00	Es stehen nun keine Einmalanlagen mehr zu Verfügung.
476.026,58 FV	476.026,58	Nach 17-jährigem Sparen in einen Aktienfonds muss ein Vermögen von 476.026.58 € zu Verfügung stehen.
I/YR	9,79	Der nominale Zins beträgt 9,76 %.
GT PV	10,03	Der effektive Zins beträgt umgerechnet 10,03 %.

Sie müssten also im Aktienfonds ein Zins von knapp 10 Prozent erzielen, um bei Beitragsfreistellung das Vermögen von insgesamt 660.577,86 € zu erreichen.

Eine Variante gegenüber der Beitragfreistellung ist die Kündigung der Lebensversicherung. Sie ist auch gleichzeitig die Bessere, da dort ein geringerer Zins (8,06 Prozent) bei der Aktienfondsanlage erzielt werden muss. Bei sicherheitsorientierten Anlegern sollte die Weiterführung der Lebensversicherung geraten werden, da ein Zins von 8 Prozent auch bei der Aktienanlage kritisch werden kann. Doch bei Anlegern, die ein wenig risikofreudiger und gewinnorientierter sind, sollte die Kündigung der Versicherung erwogen und die halbjährlichen Beiträge in einen international anlegenden Aktienfonds angelegt werden.

☐ **Zur LV 2:**

Bei der zweiten Lebensversicherung sollten Sie nicht auf den oben genannten Lösungsweg achten. Versuchen Sie die zweite Form selbst einmal zu lösen. Es ist derselbe Lösungsweg, nur dass hier die Beiträge nicht halbjährlich, sonder monatlich gerechnet werden. Denken Sie auch an den Ausgabeaufschlag des Aktienfonds von 5 Prozent. Außerdem ist die Laufzeit um 9 Monate länger. Vergleichen Sie erst nach Ihrer Berechnung die unten angegebenen Ergebnisse.

Lösung zur LV 2

Notwendiger Zins der Aktienfondsanlage bei Kündigung der Versicherung: 7,17 Prozent

Vermögen des Aktienfonds

- bei einem Zins von 8 Prozent: 148.026,76 €
- bei einem Zins von 10 Prozent: 191.354,71 €
- bei einem Zins von 12 Prozent: 248.086,14 €

Notwendiger Zins der Aktienfondsanlage bei Beitragsfreistellung der Versicherung: 6,35 Prozent

In diesem Fall könnte man sich für die Anlage in einen Aktienfonds schon eher entscheiden. Da der Zins der Vergleichsanlage in einen Aktienfonds bei der Beitragsfreistellung geringer ist als bei der Kündigung der Versicherung, ist es besser, die Versicherung zu behalten, jedoch die Beiträge in einen Aktienfonds anzulegen, also sich für die Beitragsfreistellung zu entscheiden. Doch auch hier ist zu beachten, dass Sie bei der Lebensversicherung die Ablaufleistung mit 100-prozentiger Sicherheit bekommen. Der Aktienfonds muss auch hier erst einmal die 7 Prozent toppen, um mehr Vermögen als die Lebensversicherung zu erreichen. Hier muss jeder für sich entscheiden, was ihm persönlich am Besten erscheint, denn jeder hat eine andere Risikoeinstellung.

Nach dem Vergleich einer Versicherung mit einem Aktienfondssparplan liegt bei jeden Einzelnen die Entscheidung, ob er die Kündigung oder die Beitragsfreistellung der Versicherung durchführt. Jeder Einzelne hat eine andere Einstellung zu Risiko und Chance.

Finanzielle Intelligenz auch im Alter

Auch dann, wenn die ersten Sparjahre und -jahrzehnte hinter einem liegen, stehen immer wieder neue Geldentscheidungen an. Geldentscheidungen, bei denen es gut ist, selbst zu rechnen.

 BEISPIEL

Ein 63-jähriger Angestellter hat ein Bruttoeinkommen von 65.000 €. Er kann seine Betriebsrente in Höhe von 175.000 € schon heute bekommen. Dieses Kapital möchte er zum Teil in einen Rentenfonds (5 Prozent effektiver Zins) anlegen, um daraus eine lebenslange Rente von monatlich 900 € ausgezahlt zu bekommen. Den verbleibenden Rest möchte er in einem Aktienfonds anlegen, der eine durchschnittliche Wertentwicklung von 9 Prozent effektiv erzielt. Unser Sparer schätzt seine Lebenserwartung auf 86 Jahre.

Als Erstes wird das Vermögen benötigt, das er für eine lebenslange Rente (23 Jahre) braucht.

 Berechnung

Eingabe	Display	Erklärung
12 GT PMT	12,00	Monatliche Rente (12 Perioden im Jahr).
23 GT N	276,00	23 Jahre lang soll er die Rente bekommen.
5 GT PV	5,00	Der effektive Zins beträgt 5 %.
GT I/YR	4,89	Der nominale Zins beträgt umgerechnet 4,89 %.
900 PMT	900,00	Er soll eine lebenslange Rente von 900 € erhalten.
0 FV	0,00	Nach der Rente soll kein Vermögen mehr vorhanden sein.
PV	148.985,61	Für eine lebenslange Rente (bis zum Alter von 86 Jahren) von 900 € benötigt er zu Beginn 148.985,61 €.

COMPETENCE IN FINANCE

Synergetische Beratungs-Sozietät – einmalig in Deutschland.
Die Competence-Center AG vernetzt seit 1992 das Wissen von unabhängigen Finanz- und Steuerberatern, Wirtschaftsprüfern und Rechtsanwälten zu einem in Deutschland bislang einmaligen Beraterpool. Das gemeinsame Ziel: Streben nach höchster Kundenzufriedenheit.

COMPETENCE CENTER®
FACHSOZIETÄT FÜR GELD- UND WIRTSCHAFTSANALYTIK

Competence-Center AG • Gerokstrasse 11B • D-70184 Stuttgart
Tel: 0711-239380 • Fax: 0711-2393825 E-Mail: info@cc-competencecenter.de
www.cc-competencecenter.de

FINANZÖKONOM/IN (LIFBA)

KONTAKTSTUDIUM FINANZWIRTSCHAFT

Berufsbegleitend an 16 Wochenenden während 12 Monaten Ausbildung zum „Finanzökonom (LIFBA)". Den Schwerpunkt des Studiums bilden die Strategie der Finanzgeschäfte und praxisbezogene Inhalte zum Vermögensmanagement.

LEHRINSTITUT FÜR FINANZBERATUNG UND FINANZANALYSE
PRIVATE BILDUNGSEINRICHTUNG FÜR FINANZDIENSTLEISTER-GMBH
Schlatter-Dorf-Straße 26 A · 78224 Singen (Htw) · ☏ 0 77 31-95 57 43 · ☏ 0 77 31-95 57 41
www.LIFBA.de

Wird ein Ausgabeaufschlag fällig, muss er zu diesem Betrag addiert werden. In unserem Fall müssten bei einem Ausgabeaufschlag von angenommen 5 Prozent insgesamt 156.434,89 € (= 148.985,61 + 5 Prozent) angelegt werden, damit nach Abzug des Ausgabeaufschlages die für die Rente benötigten 148.985,61 € übrig bleiben. Als Probe könnten Sie den Anlagebetrag von 156.434,89 € dividiert durch 1,05 rechnen.

Nun kennen Sie das Vermögen, das er für die lebenslange Rente benötigt. Diesen Betrag ziehen Sie von dem zu Verfügung stehenden 175.000 € ab. Es verbleiben somit 18.565,11 €, die als Anlage in einen Aktienfonds kommen. Dieser Aktienfonds berechnet auch einen Ausgabeaufschlag von 5 Prozent, so dass hier nur 17.681,06 € (= 18.565,11 / 1,05) zur Anlage kommen. Welches Vermögen baut sich in 23 Jahren auf, wenn er dieses Kapital in einem Aktienfonds mit 9 Prozent Zins anlegt?

Eingabe	Display	Erklärung
1 GT PMT	1,00	Jährliche Verzinsung (1 Periode im Jahr).
23 GT N	23,00	23 Jahre lang soll das Kapital angelegt werden.
9 I/YR	9,00	Der Zins beträgt 9 %.
18.565,11 / 1,05 = +/– PV	– 17.681,06	Er investiert nach Abzug des Ausgabeaufschlags 17.681,06 € in den Aktienfonds ein.
0 PMT	0,00	Es erfolgen keine regelmäßigen Zahlungen.
FV	128.326,89	Nach 23 Jahren hat er ein Vermögen von 128.326,89 € erreicht.

Ergebnis: Nach 23 Jahren hat er ein Kapital von rund 128.000 € erreicht, was er an seinen Kindern oder Enkeln vererben kann.

10 Aufgaben für Ihren FQ-Test

Nun erhalten Sie 10 Aufgaben, um ihre finanzielle Intelligenz auf die Probe zu stellen. Versuchen Sie diese erst einmal zu lösen, ohne auf das Ergebnis zu schauen. Schreiben Sie Ihre Lösungen auf einem Zettel und vergleichen Sie sie mit den Ergebnissen und Lösungswegen ab Seite 194. Diesen Test sollten Sie nach einiger Zeit immer wiederholen, damit Sie nicht außer Übung geraten.

Leichte Aufgaben

Aufgabe 1

Sie sparen monatlich 78 € in einen Banksparplan mit effektiv 6,85 Prozent Zins. Wie hoch ist der Betrag, den Sie nach 12 Jahren erhalten?

Aufgabe 2

Sie sparen monatlich 90 € in einen Investmentfonds. Wie hoch muss der Zins sein, um in 20 Jahren ein Bankprodukt mit 55.000 € Auszahlung zu schlagen?

Aufgabe 3

Ein Aktienfonds, in den Sie monatlich 200 € einzahlen, hat in den Jahren folgende Entwicklung:

1. Jahr: effektiv minus 20 Prozent
2. Jahr: effektiv minus 60 Prozent
3. und 4. Jahr: effektiv minus 30 Prozent
5. bis 30. Jahr: durchschnittlich effektiv 10 Prozent

Wie hoch ist der durchschnittliche Zins des gesamten Fondssparplans?

Mittelschwere Aufgaben

Aufgabe 4

Sie investieren monatlich in einen Aktienfonds 200 €. Nach 10 Jahren zahlen Sie einen einmaligen Betrag von 10.000 € in den Fonds. Der Aktienfonds hat eine angenommene Wertentwicklung von effektiv 9 Prozent und einen Ausgabeaufschlag von 5 Prozent. Wie hoch ist Ihr Vermögen nach 32 Jahren?

Aufgabe 5

Ein Kredit über 15.000 € soll in 12 Jahren monatlich abbezahlt werden. Der nominale Zins des Kredits beträgt 9,75 Prozent.

a) Wie hoch ist die monatliche Rate, wenn nach 12 Jahren keine Schuld mehr zu begleichen ist?

b) Wie lange dauert die Rückzahlung, wenn nur 150 € monatliche Rate geleistet werden können?

Aufgabe 6

Sie möchten zwei Geldanlagen vergleichen.

Produkt A: Bonussparplan über 20 Jahre, 150 € monatliche Sparrate, 6 Prozent effektiven Zins, 25 Prozent Bonus auf Einzahlungen am Ende der Laufzeit

Produkt B: Rentenfondssparplan mit durchschnittlich 7,5 Prozent Zins und einem Ausgabeaufschlag von 5 Prozent

Welches Produkt bringt Ihnen mehr Vermögen?

Aufgabe 7

Ihr Freund und Sie möchten sparen. Sie beginnen sofort, 30 Jahre lang monatlich 175 € in einen Aktienfonds anzulegen, der einen Zins von 10 Prozent erwirtschaftet. Ihr Freund beginnt ein Jahr später mit dem gleichen Betrag und dem gleichen Fonds. Er möchte noch einmal in den Urlaub fliegen, so ist seine Begründung.

a) Wie viel kostet der Urlaub aufgrund des verspäteten Sparbeginns?

b) Wie hoch müsste seine Sparrate sein, damit er die Höhe Ihres Vermögens erreicht?

Anspruchsvolle Aufgaben

Aufgabe 8

Sie vergleichen eine Lebensversicherung mit einem Aktienfondssparplan (Ausgabeaufschlag: 4 Prozent; Zins: 8 Prozent effektiv). Die Lebensversicherung bietet nach 30 Jahren eine Auszahlung von 120.000 €. Dafür muss monatlich ein Betrag von 100 € an die Versicherung geleistet werden. Eine Risikolebensversicherung mit einer Todesfallleistung von 120.000 € kostet monatlich 8 €. Entscheiden Sie sich für die Lebensversicherung?

Aufgabe 9

Führen Sie folgendes Sparmodell durch: Sie möchten monatlich 150 € sparen. Der Aktienfonds berechnet einen Ausgabeaufschlag von 3,5 Prozent und erwirtschaftet einen effektiven Zins von 10 Prozent. Nach 10 Jahren entnehmen Sie 10.000 €. Nach 20 Jahren sparen Sie einmalig einen Betrag von 30.000 € aufgrund einer Erbschaft. Nach 40 Jahren möchten Sie eine monatliche Rente über 20 Jahre erhalten. Dabei soll das Kapital nur noch in einem sicheren Rentenfonds belassen werden, der einen effektiven Zins von 6 Prozent erzielt.

a) Wie hoch ist die Rente?

b) Wie viel Wert hat die Rente nach 40 Jahren bei einer Inflation von 3 Prozent?

Aufgabe 10

In 40 Jahren möchten Sie 20 Jahre lang eine monatliche Rente ausbezahlt bekommen, von der die erste Auszahlung einem heutigen Wert von 3.000 € entspricht. Sie gehen von einer Inflation von 3 Prozent aus. Die Rentenauszahlungen sollen aus einem Rentenfonds gezahlt werden, der eine durchschnittliche Wertentwicklung von effektiv 6,5 Prozent erreicht.

Für diese Rentenvorstellung möchten Sie 40 Jahre lang monatlich in einen Aktienfonds, 9 Prozent effektive Wertentwicklung, sparen.

a) Wie hoch ist die monatliche Rente, die Sie 20 Jahre lang ausbezahlt bekommen?

b) Wie hoch ist 40 Jahre lang die monatliche Sparrate?

Lösungen zu den Aufgaben

Aufgabe 1

Einfacher Banksparplan, für den Sie nur die Ihnen bekannten Angaben eingeben müssen.

Eingabe	Display	Erklärung
12 GT PMT	12,00	Monatlicher Sparplan (12 Perioden im Jahr).
12 GT N	144,00	Sie sparen 12 Jahre lang.
6,85 GT PV	6,85	Der effektive Zins liegt bei 6,85 %.
GT I/YR	6,64	Der nominale Zins beträgt umgerechnet 6,64 %.
0 PV	0,00	Zu Beginn leisten Sie keine Einmalanlage.
78 +/- PMT	- 78,00	Sie investieren monatlich 78 € in den Banksparplan ein.
FV	17.111,34	Nach 12 Jahren bekommen Sie ein Vermögen von 17.111,34 € ausbezahlt.

Ergebnis: Nach 12 Jahren bekommen Sie also ein Vermögen von knapp 17.000 € ausgezahlt. Für dieses Vermögen haben Sie 11.232 € (78,00 € Sparrate x 12 Monate x 12 Jahre) insgesamt in den Sparplan gezahlt.

Aufgabe 2

Auch hier geben Sie die Ihnen bekannten Zahlen ein und fragen den effektiven Zins ab.

Eingabe	Display	Erklärung
12 GT PMT	12,00	Monatlicher Sparplan (12 Perioden im Jahr).
20 GT N	240,00	Sie sparen 20 Jahre lang.
0 PV	0,00	Zu Beginn zahlen Sie keine Einmalanlage.
90 +/– PMT	– 90,00	Sie investieren monatlich 90 € in den Investmentfonds.
55000 FV	55.000,00	Das Vermögen soll nach 20 Jahren genau so hoch sein, wie das Bankprodukt.
I/YR	8,30	Der nominale Zins muss beim Investmentfonds bei 8,3 % liegen, um das Bankprodukt zu schlagen.
GT PV	8,62	Umgerechnet muss der effektive Zins bei 8,62 % liegen.

Ergebnis: Das Bankprodukt ist somit mit einem Zins von 8,62 Prozent ausgestattet. Der Investmentfonds müsste somit diesen Zins erzielen, um das Bankprodukt zu schlagen.

Aufgabe 3

Diese Aufgabe können Sie nur in mehreren Schritten lösen. Lassen Sie also nach den jeweiligen Schritten alle Angaben im Taschenrechner gespeichert, damit Sie für den nächsten Teil nur kleine Änderungen vornehmen müssen.

1. Jahr:

Eingabe	Display	Erklärung
12 GT PMT	12,00	Monatlicher Sparplan (12 Perioden im Jahr).
1 GT N	12,00	Sie rechnen das Ergebnis nach dem 1. Jahr aus.
20 +/− GT PV	− 20,00	Im 1. Jahr beträgt der Zins minus 20 %.
GT I/YR	− 22,11	Nominal sind das minus 22,11 %.
0 PV	0,00	Zu Beginn leisten Sie keine Einmalanlage.
200 +/− PMT	− 200,00	Sie investieren monatlich 200 € in den Aktienfonds.
FV	2.171,14	Das Vermögen ist im 1. Jahr auf 2.171,14 € angewachsen.

 Da sich nun der Zins verändert, errechnen Sie das Vermögen für das 2. Jahr.

2. Jahr:

Eingabe	Display	Erklärung
RCL FV +/− PV	− 2.171,14	Sie rufen das Ergebnis vom 1. Jahr ins Display und speichern dieses mit Minus-Vorzeichen als Einmalanlage in das 2. Jahr ab.
60 +/− GT PV	− 60,00	Im 2. Jahr beträgt der Zins minus 60 %.
GT I/YR	− 88,22	Nominal sind das minus 88,22 %.
FV	2.500,77	Das Vermögen liegt nach dem 2. Jahr bei 2.500,77 €.

Ergebnis: Das Vermögen ist nach dem zweiten Jahr nur ein wenig gewachsen, obwohl in diesem Jahr 2.400 € eingezahlt wurden. Da im dritten und vierten Jahr die Wertentwicklung gleich bleibt, kann man diese beiden Jahre zugleich rechnen.

3. und 4. Jahr:

Eingabe	Display	Erklärung
2 GT N	24,00	Das 3. und 4. Jahr können Sie zusammen rechnen.
30 +/– GT PV	– 30,00	Im dritten und vierten Jahr beträgt der effektive Zins minus 30 %.
GT I/YR	– 35,14	Nominal sind das minus 35,14 %.
RCL FV +/– PV	– 2.500,77	Sie rufen das Ergebnis der ersten zwei Jahre ins Display und speichern es mit Minus-Vorzeichen als Einmalanlage zu Beginn des dritten Jahres.
FV	4.708,33	Das Vermögen beträgt nach vier Jahren 4.708,33 €.

Ergebnis: Nun haben Sie das Ergebnis nach den vier verlustreichen Jahren berechnet. Insgesamt haben Sie in vier Jahren 9.600 € (Sparrate 200 € x 12 Monate x 4 Jahre) eingezahlt, doch die Krise an den Aktienmärkten hat Ihre Einzahlungen knapp halbiert. Ab jetzt können Sie für 26 Jahre in einer Rechnung weiterrechnen, da die Wertentwicklung nun bei durchschnittlichen effektiv 10 Prozent liegt.

5. bis 30. Jahr

Eingabe	Display	Erklärung
26 GT N	312,00	Sie sparen weitere 26 Jahre in den Aktienfonds.
10 GT PV	10,00	Der effektive Zins beträgt nun durchschnittlich 10 %.
GT I/YR	9,57	Nominal sind das 9,57 %.
RCL FV +/− PV	− 4.708,33	Sie rufen das Ergebnis der ersten 4 Jahre ins Display und speichern es mit Minus-Vorzeichen als Einmalanlage zu Beginn des 5. Jahres.
FV	329.954,27	Das Vermögen beträgt nach 30 Jahren 329.954,27 €.

Ergebnis: Nach der gesamten Spardauer haben Sie ein Vermögen von rund 330.000 € erwirtschaftet. Nun können Sie die durchschnittliche, effektive Wertentwicklung des Aktienfondssparplans errechnen. Dazu müssen Sie nur zwei Änderungen vornehmen.

Eingabe	Display	Erklärung
30 GT N	360,00	Insgesamt sparen Sie 30 Jahre in den Aktienfonds ein.
0 PV	0,00	Zu Beginn des Sparplans haben Sie keine Einmalanlage gezahlt.
I/YR	8,50	Ergebnis: In der gesamten Sparzeit haben Sie einen nominalen Zins von 8,50 % erzielt.
GT PV	8,84	Ergebnis: Effektiv sind das 8,84 %.

Ergebnis: Nach einer Sparzeit von 30 Jahren haben Sie einen Zins von 8,84 Prozent erzielt. Durch die zu Beginn rapiden Kursrückgängen haben Sie nur eine Verringerung des Zinses von 1,16 Prozent erlitten.

Aufgabe 4

Zuerst errechnen Sie, wie hoch die monatliche Sparrate ist, die Sie nach Abzug des Ausgabeaufschlags sparen.

200 / 1,05 = 190,48 €

Die monatliche Sparrate liegt also bei 190,48 €. Nun können Sie das Vermögen bis zur Einmalanlage im zehnten Jahr ermitteln.

Eingabe	Display	Erklärung
12 GT PMT	12,00	Monatlicher Sparplan (12 Perioden im Jahr).
10 GT N	120,00	Sie rechnen das Vermögen bis zur Einmalanlage nach 10 Jahren aus.
9 GT PV	9,00	In den ersten 10 Jahren beträgt der effektive Zins 9 %.
GT I/YR	8,65	Nominal sind das 8,65 %.
0 PV	0,00	Zu Beginn leisten Sie keine Einmalanlage.
190,48 +/- PMT	- 190,48	Sie investieren monatlich 190,48 €, nach Abzug des Ausgabeaufschlags, in den Aktienfonds.
FV	36.137,61	Das Vermögen ist nach 10 Jahren auf 36.137,61 € angewachsen.

Nun erfolgt die Einmalanlage von 10.000 €, die zum Vermögen nach 10 Jahren addiert und als Einmalanlage gespeichert wird.

Eingabe	Display	Erklärung
22 GT N	264,00	Sie rechnen das Vermögen 22 Jahre bis in das 32. Jahr weiter.
RCL FV + 10000 = +/- PV	- 36.137,61	Sie rufen das Ergebnis der ersten 10 Jahre ins Display zurück, addieren 10.000 € und speichern es als Einmalanlage.
FV	456.761,21	Das Vermögen ist nach 32 Jahren auf 456.761,21 € angewachsen.

10 Aufgaben für Ihren FQ-Test

> *Ergebnis:* Nach 32 Jahren ist das Vermögen auf eine Summe von 456.761,21 € angewachsen, obwohl Sie nur 76.800 € (Sparrate 200 € x 12 Monate x 32 Jahre) eingezahlt haben. Hier zählt nicht der Betrag, den Sie nach Abzug des Ausgabeaufschlags berechnet haben (190,48 €), sondern der, den Sie wirklich an die Fondsgesellschaft überwiesen haben (200 €).

Aufgabe 5

Eine Ratenkreditberechnung, bei der zuerst nach der monatlichen Rate gefragt ist, wenn der Kredit nach 12 Jahren getilgt sein soll:

a)

Eingabe	Display	Erklärung
12 GT PMT	12,00	Monatliche Ratenzahlung (12 Perioden im Jahr).
12 GT N	144,00	Der Kredit soll in 12 Jahren vollständig getilgt sein.
9,75 I/YR	9,75	Der nominale Zins des Kredits beträgt 9,75 %.
15000 PV	15.000,00	Der Kreditbetrag wird zu Beginn ausgezahlt (in die Tasche = positives Vorzeichen).
0 FV	0,00	Nach 12 Jahren soll keine Restschuld mehr vorhanden sein.
PMT	– 177,10	Monatlich müssen 177,10 € gezahlt werden, um den Kredit in 12 Jahren vollständig zu tilgen.

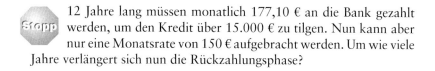

12 Jahre lang müssen monatlich 177,10 € an die Bank gezahlt werden, um den Kredit über 15.000 € zu tilgen. Nun kann aber nur eine Monatsrate von 150 € aufgebracht werden. Um wie viele Jahre verlängert sich nun die Rückzahlungsphase?

b)

Eingabe	Display	Erklärung
150 +/– PMT	– 150,00	Es kann nur eine monatliche Rate von 150 € an die Bank zurückgezahlt werden.
N	206,86	Es dauert mit einer Rate von 150 € etwa 206 Monate, bis der Kredit vollständig bezahlt ist.

Ergebnis: Verringert sich die Rate auf 150 €, so kann eine Tilgung nur in 206,86 Monaten erfolgen. Das sind 17 Jahre und knapp 3 Monate (206,86 / 12 = 17,24). Die Tilgungsphase verlängert sich also um knapp 5 Jahre.

Aufgabe 6

Produktvergleich von A und Produkt

Produkt A:

Eingabe	Display	Erklärung
12 GT PMT	12,00	Monatlicher Sparplan (12 Perioden im Jahr).
20 GT N	240,00	Der Bonussparplan hat eine Laufzeit von 20 Jahren.
6 GT PV	6,00	Der effektive Zins beträgt 6 %.
GT I/YR	5,84	Umgerechnet ist das ein nominaler Zins von 5,84 %.
0 PV	0,00	Zu Beginn zahlen Sie keine Einmalanlage.
150 +/– PMT	– 150,00	Sie investieren monatlich 150 € in den Bonussparplan.
FV	68.015,79	Nach Zins und Zinseszins ist das Vermögen auf 68.015,79 € angewachsen.

Nun erhalten Sie noch einen Bonus von 25 Prozent auf die eingezahlten Beiträge. Sie haben 36.000 € in den Bonussparplan als Eigenleistung gezahlt.

Eigenleistung 36.000,00
25 % Bonus 9.000,00
+ Vermögen 68.015,79
= Auszahlbetrag 77.015,79

Ergebnis: Somit hat der Bonussparplan ein Vermögen von 77.015,79 € erwirtschaftet. Nun zu dem Vermögen, was Sie mit einem Rentenfondssparplan erreichen können. Sie ermitteln den monatlichen Sparbetrag, den Sie nach Abzug des Ausgabeaufschlages tatsächlich in den Fonds einzahlen. 150 € zahlen Sie an die Fondsgesellschaft, jedoch nur 142,86 € (150 € / 1,05) kommen direkt zur Anlage.

Produkt B:

Eingabe	Display	Erklärung
12 GT PMT	12,00	Monatlicher Sparplan (12 Perioden im Jahr).
20 GT N	240,00	Die Laufzeit des Rentenfondssparplan ist identisch mit der des Bonussparplans.
7,5 GT PV	7,50	Der effektive Zins beträgt 7,5 %.
GT I/YR	7,25	Umgerechnet ist das ein nominaler Zins von 7,25 %.
0 PV	0,00	Zu Beginn zahlen Sie keine Einmalanlage.
142,86 +/− PMT	− 142,86	Monatlich kommen 142,86 € zur Investition in den Rentenfonds.
FV	76.756,70	Nach 20 Jahren haben Sie im Rentenfonds ein Vermögen von 76.756,70 € aufgebaut.

Ergebnis: Sie haben also im Rentenfondssparplan ein Vermögen von 76.756,70 € aufgebaut. Das sind 259,09 € weniger als das, was man mit dem Bonussparplan erreicht hätte.

Man sollte also nicht generell alle Bank- und Versicherungsprodukte meiden, sondern nachrechnen. Sie haben die Möglichkeit, mit dem Taschenrechner solche Berechnungen durchzuführen und können somit Produkte vergleichen. Viele Verbraucher sind im Angebotsdschungel allein gelassen und haben nicht die Möglichkeit, solche Vergleiche durchzuführen.

Aufgabe 7

Mit dem Preis des Urlaubs ist der Verlust gemeint, den Ihr Freund erleidet, wenn er ein Jahr später beginnt zu sparen. Somit errechnen Sie das Vermögen, was Sie nach 30 und Ihr Freund nach 29 Jahren erreicht. Der Unterschied zwischen diesen beiden Beträgen ist der Preis für den Urlaub.

Vermögen Ihres Freundes:

Eingabe	Display	Erklärung
12 GT PMT	12,00	Monatlicher Sparplan (12 Perioden im Jahr).
29 GT N	348,00	Ihr Freund spart 29 Jahre lang in den Aktienfonds.
10 GT PV	10,00	Der effektive Zins beträgt 10,00 %.
GT I/YR	9,57	Umgerechnet ist das ein nominaler Zins von 9,57 %.
0 PV	0,00	Zu Beginn wird keine Einmalanlage gezahlt.
175 +/− PMT	− 175,00	Monatlich spart er 175 € in den Aktienfonds.
FV	326.184,53	Nach 29 Jahren hat Ihr Freund ein Vermögen von 326.184,53 € aufgebaut.
→ M	326.184,53	Dieses Vermögen speichern Sie im manuellen Speicher des Taschenrechners, um später schnell den Unterschied der Vermögensbeträge zu ermitteln.

Ihr Freund hat ein Vermögen von 326.184,53 € erreicht. Dieser Betrag ist nicht schlecht. Doch zeigen Sie ihm doch einmal den Betrag, den Sie bei einem um ein Jahren früheren Sparbeginn erzielen.

Ihr Vermögen:

Eingabe	Display	Erklärung
30 GT N	360,00	Sie sparen 30 Jahre lang in einen Aktienfonds.
FV	360.997,58	Nach 30 Jahren haben Sie ein Vermögen von 360.997,58 € aufgebaut.
+/– M+	– 360.997,58	Dieses Vermögen addieren Sie mit negativem Vorzeichen zum Betrag im Speicher. Das negative Vorzeichen bewirkt, dass Sie den Betrag vom Speicherbetrag abziehen.

Nun fragen Sie den Unterschied der beiden Vermögen mit RM ab. Der Unterschied liegt bei 34.813,05 €. Ein wirklich teurer Urlaub. Als Sie ihm diesen Unterschied zeigen, will er auch unbedingt Ihr Sparziel erreichen, jedoch trotzdem noch in den Urlaub fliegen.

b) Wie hoch muss die monatliche Sparrate in den 29 Jahren sein, um das Vermögen von knapp 361.000 € zu erreichen?

Eingabe	Display	Erklärung
29 GT N	348,00	Er möchte in 29 Jahren genau das Vermögen erreichen, das Sie aufgebaut haben.
RCL FV	360.997,58	Sie rufen Ihr Vermögen ins Display zurück. Wenn dort ein anderer Wert steht, geben Sie diesen noch einmal ein.
PMT	– 193,68	Ihr Freund muss 29 Jahre lang 193,68 € sparen, um Ihr Vermögen von knapp 361.000 € zu erreichen.

Ergebnis: Ihr Freund muss also 29 Jahre lang jeden Monat 18,68 € mehr in den Aktienfonds einzahlen, um auf den Betrag zu kommen, den Sie durch Ihren früheren Startzeitpunkt erreicht haben. Einen Sparplan später zu beginnen ist meist ein Verlust, den Sie vermeiden sollten.

Aufgabe 8

Ein Produktvergleich: Aktienfondssparplan in Kombination mit einer Risikolebensversicherung und eine Lebensversicherung. Als Erstes ermitteln Sie den Zins der Lebensversicherung.

Eingabe	Display	Erklärung
12 GT PMT	12,00	Monatlicher Sparplan (12 Perioden im Jahr).
30 GT N	360,00	Die Lebensversicherung hat eine Laufzeit von 30 Jahren.
0 PV	0,00	Zu Beginn wird keine Einmalanlage gezahlt.
100 +/− PMT	− 100,00	Monatlich zahlen Sie 100 € Versicherungsprämie.
120000 FV	120.000,00	Nach 30 Jahren bekommen Sie 120.000 € von der Versicherung.
I/YR	6,92	Mit der Versicherung haben Sie einen nominalen Zins von 6,92 % erzielt.
GT PV	7,14	Der effektive Zins beträgt 7,14 %.

Mit der Versicherung könnten Sie einen Zins von 7,14 Prozent erzielen. Das liegt knapp ein Prozent unter der Wertentwicklung des Aktienfonds. Doch bei der Fondsanlage muss noch der Ausgabeaufschlag sowie der Beitrag für eine Risikolebensversicherung abgezogen werden. Deshalb kann man noch nicht sagen, dass die Lebensversicherung schlechter ist als der Aktienfonds. Für die Kombination aus Aktienfonds und Risikolebensversicherung muss zuerst der Beitrag für die Versicherung abgezogen und von dem verbleibenden Betrag der Ausgabeaufschlag abgerechnet werden. Die Risikolebensversicherung ist notwendig, um einen korrekten Vergleich vorzunehmen, da beim Todesfall die Lebensversicherung die Versicherungssumme zahlt und beim Aktienfonds nicht. Deshalb muss zusätzlich zum Aktienfonds eine Risikolebensversicherung abgeschlossen werden, um für den Todesfall die gleichen Bedingungen zu schaffen wie bei der klassischen Lebensversicherung.

Sparbetrag Lebensversicherung	100,00 €
− Beitrag Risikolebensversicherung	8,00 €
= Sparbetrag an Fondsgesellschaft	92,00 €
− Ausgabeaufschlag 4 %	3,54 €
= Sparbetrag in Aktienfonds	88,46 €

Eingabe	Display	Erklärung
12 GT PMT	12,00	Monatlicher Sparplan (12 Perioden im Jahr).
30 GT N	360,00	Der Aktienfondssparplan soll die selbe Laufzeit haben wie die Lebensversicherung.
8 GT PV	8,00	Der effektive Zins beträgt 8 %.
GT I/YR	7,72	Sie rechnen in den nominalen Zins um.
0 PV	0,00	Zu Beginn wird keine Einmalanlage geleistet.
88,46 +/− PMT	− 88,46	Monatlich zahlen Sie 88,46 € in den Aktienfonds.
FV	124.600,38	Nach 30 Jahren haben Sie ein Vermögen von 124.600,38 € aufgebaut.

Sie entscheiden sich also eher für den Aktienfonds. Doch die Kombination aus Aktienfonds und Risikolebensversicherung hat nur einen knappen Vorteil von etwa 4.000 € gegenüber der normalen Lebensversicherung. Es ist also nicht in jedem Fall gesagt, dass ein Investmentfonds besser ist als eine Versicherung. Handeln Sie finanziell intelligent: Vergleichen, vergleichen, vergleichen Sie und entscheiden Sie sich erst danach für das von Ihnen beste Produkt. Machen Sie Ihren Taschenrechner zum Alltag und Hobby. So kommen Sie mit dem Rechnen nicht aus der Übung.

Aufgabe 9

Diese Rechnung müssen Sie in mehreren Schritten erledigen. Lassen Sie deshalb für die gesamte Aufgabe alle Angaben im Taschenrechner gespeichert. Zuerst ermitteln Sie den Anlagebetrag, der nach Abzug des Ausgabeaufschlags in den Fonds eingezahlt wird.

Sparbetrag	150,00 €
– Ausgabeaufschlag 3,5 %	5,07 €
Anlagebetrag	144,93 €

a)

1. bis 10. Jahr

Eingabe	Display	Erklärung
12 GT PMT	12,00	Monatlicher Sparplan (12 Perioden im Jahr).
10 GT N	120,00	Sie berechnen das Vermögen, bis zu dem Zeitpunkt, zu dem die erste Entnahme gemacht wird.
10 GT PV	10,00	Der effektive Zins beträgt 10 %.
GT I/YR	9,57	Sie rechnen in den nominalen Zins um.
0 PV	0,00	Zu Beginn wird keine Einmalanlage geleistet.
144,93 +/– PMT	– 144,93	Monatlich kommen 144,93 € in den Aktienfonds zur Anlage.
FV	28.966,27	Nach 10 Jahren haben Sie ein Vermögen von knapp 29.000 € aufgebaut.

Im 10. Jahr möchten Sie 10.000 € entnehmen. Deshalb wird im nächsten Schritt nur 18.966,27 € als Einmalanlage wieder angelegt.

10. bis 20. Jahr

Eingabe	Display	Erklärung
RCL FV − 10000 = +/− PV	− 18.966,27	Das Vermögen nach der Entnahme wird als Einmalanlage gespeichert.
FV	78.159,89	Nach 20 Jahren haben Sie ein Vermögen von 78.159,89 € aufgebaut.

Nach 20 Jahren haben Sie ein Kapital von rund 78.000 € aufgebaut. Nun erhalten Sie aus einer Erbschaft 30.000 €, die nun auf das Kapital addiert werden und als Einmalanlage weitere 20 Jahre gespart werden.

20. − 40. Jahr

Eingabe	Display	Erklärung
20 GT N	240,00	Bis zum 40. Jahr sind es noch 20 Sparjahre.
RCL FV + 30000 = +/− PV	− 108.159,89	Das Vermögen nach 20 Jahren plus die Erbschaft wird als Einmalanlage gespeichert.
FV	831.742,93	Nach 40 Jahren haben Sie ein Vermögen von 831.742,93 € aufgebaut.

Nun kennen Sie das Vermögen, bevor Sie in Rente gehen. Jetzt soll das Kapital in Form einer monatlichen Rente ausbezahlt werden und dabei in einen sicheren Rentenfonds ei 6 Prozent angelegt sein.

40. – 60. Jahr

Eingabe	Display	Erklärung
6 GT PV	6,00	Der angenommene effektive Zins im Rentenfonds liegt bei 6 %.
GT I/YR	5,84	Umgerechnet ist das ein nominaler Zins von 5,84 %.
RCL FV +/– PV	– 831.742,93	Das Vermögen nach 40 Jahren wird als Einmalanlage gespeichert.
0 FV	0,00	Nach 20 Jahren Rentenauszahlung soll kein Kapital mehr vorhanden sein.
PMT	5.882,85	Sie können sich 20 Jahre lang monatlich 5.882,85 € als Rente auszahlen lassen.

Nach 40 Jahren Spardauer kann er sich 20 Jahre lang eine Rente von knapp 5.900 € ausbezahlen lassen. Welchen Wert hat nach 40 Jahren Spardauer noch die erste Rentenauszahlung von 5.900 €?

b)

Eingabe	Display	Erklärung
1 GT PMT	1,00	Jährliche Inflation (1 Periode im Jahr).
40 GT N	40,00	In 40 Jahren bekommen Sie die erste Auszahlung.
3 I/YR	3,00	Die Inflationsrate liegt bei 3 %.
0 PMT	0,00	Es erfolgen keine regelmäßigen Zahlungen.
5882,76 FV	5.882,85	In 40 Jahren bekommen Sie 5.882,85 € ausbezahlt.
PV	– 1.803,43	Dem heutigen Wert entsprechen die 5.900 € knapp 1.800 €.

Ergebnis: In 40 Jahren hat ein Betrag von 5.900 € einen heutigen Wert von knapp 1.800 €. In 40 Jahren verliert also Ihr Geld einiges an Wert.

Aufgabe 10

Diese Aufgabe wird genau anders herum als andere Rentenrechnungen gerechnet. Sie geben vor, in welcher Höhe Sie Rentenzahlungen beziehen möchten und rechnen das Vermögen aus, das Sie zu Rentenbeginn benötigen. Haben Sie dieses Vermögen, so können Sie ausrechnen, wie viel Sie sparen müssen um diesen Betrag anzusammeln. Als Erstes wird berechnet, wie hoch die Rente sein muss, damit sie einem heutigen Wert von 3.000 € entspricht.

a)

Eingabe	Display	Erklärung
1 GT PMT	1,00	Jährliche Inflation (1 Periode im Jahr).
40 GT N	40,00	In 40 Jahren bekommen Sie die erste Auszahlung.
3 I/YR	3,00	Die Inflationsrate liegt bei 3 %.
3000 PV	3.000	In 40 Jahren soll die Rente einem heutigen Wert von 3.000 € entsprechen.
0 PMT	0,00	Es erfolgen keine regelmäßigen Zahlungen.
FV	– 9.786,11	In 40 Jahren muss die Rente 9.786,11 € betragen, um einen heutigen Wert von 3.000 € zu entsprechen; das Vorzeichen spielt bei Inflationsberechnungen keine Rolle.

Nun haben Sie die Rente inflationsbereinigt errechnet und müssen nun ermitteln, welches Vermögen zu Verfügung stehen muss, um 20 Jahre lang eine Entnahme von 9.786,11 € durchführen zu können.

b)

Eingabe	Display	Erklärung
12 GT PMT	12,00	Monatliche Rentenzahlung (12 Perioden im Jahr).
20 GT N	20,00	20 Jahre lang soll eine Rente gezahlt werden.
6,5 GT PV	6,50	Der Rentenfonds erreicht einen effektiven Zins von 6,5 %.
GT I/YR	6,31	Das entspricht einem nominalen Zins von 6,31 %.
9786,11 PMT	9.786,11	Monatlich soll eine Rente in Höhe von 9.786,11 € ausbezahlt werden.
0 FV	0,00	Nach 20 Jahren Rentenauszahlung soll das Kapital aufgezehrt sein.
PV	– 1.332.050,23	Es muss also ein Kapital von knapp 1.300.000 zur Verfügung stehen, um die Rentenauszahlungen zu tätigen.

 Nun haben Sie das Vermögen, das Sie in 40 Jahren aufgebaut haben müssen.

Eingabe	Display	Erklärung
40 GT N	480,00	40 Jahre lang soll für die Rente gespart werden.
9 GT PV	9,00	Der Aktienfonds erreicht einen effektiven Zins von 9 %.
GT I/YR	8,65	Das entspricht einem nominalen Zins von 8,65 %.
RCL PV +/– FV	1.332.050,23	Nach 40 Jahren Spardauer soll Ihnen ein Kapital von 1.332.050,23 zur Verfügung stehen.
0 PV	0,00	Zu Beginn leisten Sie keine Einmalanlage.
PMT	– 315,71	Monatlich müssen Sie 40 Jahre lang 315,71 € sparen, um sich 20 Jahre lang eine Rente von knapp 9.800 € ausbezahlen zu lassen.

Mit dieser Berechnung können Sie sich also Ihre Rentenwünsche in vielen Jahren inflationsbereinigt ausrechnen und auch, wie viel Sie dafür sparen müssen. Gehören Sie zu den finanziell Intelligenten und rechnen sich Ihre Rentenvorstellungen inflationsbereinigt selbst aus!

Teil G

Zwei Trainingsbeispiele zur Schulung abstrakten Denkens

Die folgenden Sachverhalte trainieren Ihre Fähigkeiten bei möglichen Geldentscheidungen. Ihre persönliche Situation kann so oder ähnlich sein. Die entscheidende Botschaft lautet: Trainieren Sie Ihre Fähigkeit, finanziell intelligente Geldentscheidungen zu treffen. Trainieren Sie Ihre Fähigkeit, bei mehreren möglichen Varianten die beste Alternative zu wählen. Sorgen Sie auf diese Weise dafür, dass Sie mehr aus Ihrem Geld machen. Dabei gilt: Die folgenden Beispiele sind nur einige von denkbar vielen Varianten und persönlichen Konstellationen, die sich ergeben können. Sie werden jedoch immer wieder feststellen: Die meisten Ihrer eigenen Fragen rund um anstehende, bestmögliche (finanziell intelligente) Geldentscheidungen können Sie mit ein bisschen Übung selbst beantworten.

 BEISPIEL: TRAININGSFALL 1

Hinweis: Ich bedanke mich an dieser Stelle bei Zaid El-Mogaddedi von der Crédit Suisse. Er nahm vor einiger Zeit bei einem Rechentraining teil und stellte mir anschließend freundlicherweise aus den Übungsbeispielen für die Crédit Suisse Berater den folgenden Fall zur Verfügung. Ich habe die Zahlen leicht verändert.

Jemand ist 45 Jahre alt und leitender, sehr gut verdienender Angestellter in einer großen Weltfirma. Das Bruttoeinkommen aus der nicht selbstständigen Tätigkeit beträgt jährlich brutto 270.000 €. Das sind monatlich 22.500 €. Es gibt eine Pensionszusage des Arbeitgebers in Höhe von rund 2.500 € an monatlicher Rente. Dazu kommt die Anwartschaft aus der gesetzlichen Rentenversicherung in Höhe von rund 50 Prozent des derzeitigen Bruttoeinkommen (also 50 Prozent von 22.500 = rund 11.250 €). Zusammen sind es also Rentenansprüche in Höhe von 11.250 + 2.500 = 13.750 € pro Monat.

Die Vermögenssituation stellt sich wie folgt dar:

1. Es gibt eine selbst genutzte Immobilie in sehr guter Stadtlage im Wert von derzeit rund 550.000 €. Der Mietertrag sichert Zins- und Tilgung. Mit 55 Jahren ist die Restschuld bei Null. Die Immobilie soll dann an Sohn und Tochter im Rahmen einer Schenkung übertragen werden.
2. Über die Vermögensverwaltung einer Bank ist ein Vermögen mit einem aktuellen Depotstand in Höhe von 250.000 € angelegt, Schwerpunkt der Anlage sind hier internationale Rentenpapiere (direkte Investments und Fondsanlagen).
3. Dazu kommt ein selbst verwaltetes Vermögen in Höhe von ebenfalls rund 250.000 €, aufgeteilt in circa 50 Prozent Anlage in internationale Rentenpapiere und 50 Prozent als Anlage in international anlegende Aktienfonds.

Vom gesamten freien Vermögen in Höhe von 250.000 € plus 250.000 € sind somit rund 25 Prozent (125.000 €) in Aktien angelegt.

Die betroffene Person will mit 55 Jahren in den vorgezogenen Ruhestand treten. Wegen des gehobenen Lebensstils und aufgrund der exzellenten gesundheitlichen Verfassung geht die Person von einem dann gewünschten monatlichen Einkommen in Höhe von 19.000 € über 30 Jahre aus. Die Jahre nach dem Erwerbsleben sollen in erster Linie für Weltreisen genutzt werden. Für diese Entnahmezeit bittet die betroffene Person, mit einem effektiven Zins von 4 Prozent nach Steuern zu rechnen.

In einem Gespräch mit einem Bankberater empfiehlt dieser der betroffenen Person, den in internationale Aktien(fonds) investierten Anteil aufgrund der verbleibenden 10 Jahre Spar- und Investitionsdauer auf 55 Prozent zu erhöhen. Das entspräche, so der Bankberater, der Pi-mal-Daumen-Formel von Aktienanteil in Prozent = 100 minus Lebensalter. Und die verbleibende Spar- und Investitionszeit von 10 Jahren (Rentenbeginn mit 55 Jahren) sei als Anlagedauer für Aktien(fonds)anlagen mehr als genug. Nun zu den Fragen:

Frage 1

Die Person in unserem Beispiel gibt an, sicherheitsorientiert und ohne große Risiken investieren zu wollen. Für die spätere Entnahmephase in der Rentenzeit wird von einem effektiv erzielten Zins von vier Prozent ausgegangen. Welcher Nettozins muss jedoch tatsächlich für das gesamte liquide Vermögen in den verbleibenden 10 bzw. 15 Jahren erzielt werden, um die gewünschte monatliche Rente entnehmen zu können? Muss die betreffende Person noch große Anlagerisiken eingehen, um das gewünschte Entnahmeziel zu erreichen? Ist also die Empfehlung des Bankberaters eine kluge Entscheidung? Die erwarteten Rentenleistungen des Arbeitgebers und aus der gesetzlichen Rentenversicherung sind von der gewünschten Höhe (19.000 €) zu subtrahieren. – Sie sind an der Reihe. Wie würden Sie rechnen?

Frage 2

Angenommen, die betreffende Person unseres Beispiels folgt dem Rat des Bankberaters. Rund 55 Prozent des gesamten freien Vermögens heute (500.000 €) werden via Vermögensverwaltung in international anlegende Aktienfonds investiert. In unserem Beispiel sind das rund 275.000 €. Was sind die möglichen Konsequenzen, wenn ohne Ablaufmanagement (also Wechsel in risikoärmere Anlageformen in den letzten Anlagejahren) bis zum 55. Lebensjahr in diese internationalen Aktienfonds investiert wird, es aber in den letzten beiden Jahren zu einem Vermögensverlust von jeweils effektiv minus 10 Prozent kommt? In den acht positiven Jahre liegt der effektiv erzielte Zins bei plus 12 Prozent. Der Beginn des Ruhestands ist wie angegeben in 10 Jahren.

Hinweis: Die im Folgenden beschriebenen Lösungen sind beispielhafte Ansätze. Betrachten Sie die Lösungen als praxisorientiertes Training, das Ihnen hilft, selbst vermeintlich komplexere Finanzsituationen zur Zufriedenheit klären zu können. Dabei kann es sein, dass Sie beim Nachvollziehen der Lösung auf eigene Überlegungen stoßen und diese in Ihre Berechnung einbauen. Das ist durchaus gewollt und dient Ihrem eigenen, zusätzlichen Training. Die alles entscheidende Botschaft lautet:

Wenn Sie einmal die Grundprinzipien kennen, wie Sie selbst komplex erscheinende Aufgaben in kleine berechenbare Schritte aufteilen, werden Sie auch künftig nahezu alle Ihre persönliche Situation betreffenden Fragen zur privaten Finanzplanung zu Ihrer Zufriedenheit lösen können. Ich wünsche Ihnen nun volle Konzentration und viel Spaß auf den folgenden Seiten.

Berechnung zu Frage 1

Ermittlung des notwendigen Vermögens zu Beginn der Rentenzeit:

Eingabe	Display	Erklärung
12 GT PMT	12,00	Es geht um einen monatlichen Entnahmerhythmus, monatlich sollen 19.000 € entnommen werden können.
30 GT N	360,00	Insgesamt sind es 360 Perioden (360 Monate), in denen die Rente gezahlt werden soll.
4 GT PV	4,00	Eingabe des effektiven Zinses von 4 % (Vorgabe des Kunden).
GT I/YR	3,93	4 % effektiv entsprechen 3,93 % nominalem Zins bei 12 Zinsperioden im Jahr.
0 FV	0,00	Am Ende soll das Vermögen aufgebraucht sein.
5250 PMT	5.250,00	Die monatliche Entnahme (in die Tasche = positives Vorzeichen) beträgt 5.250 €; gerechnet wie folgt: 19.000 € ist die Wunschrente, 2.500 € folgen über den Arbeitgeber (Pensionszusage) und 11.250 € aus der gesetzlichen Rentenversicherung (Annahme).
PV	– 1.109.228,97	Zu Beginn der Entnahmezeit müsste ein Vermögen von knapp über 1,1 Millionen € vorhanden sein, um sich dann 30 Jahre lang die gewünschte Entnahme leisten zu können.

Zur Verfügung steht derzeit ein Kapital von 500.000 €. Die nächste entscheidende Frage ist: Wie hoch ist der notwendige, effektive Zins pro Jahr, damit diese 500.000 € sich in den kommenden zehn Jahren (verbleibende Zeit bis Rentenbeginn) auf ein Vermögen von den notwendigen 1,1 Millionen € steigern?

Eingabe	Display	Erklärung
1 GT PMT	1,00	Es geht um eine Einmalanlage.
10 GT N	10,00	Insgesamt sind es noch 10 Jahre bis zum Rentenbeginn.
500000 +/− PV	− 500.000,00	Angenommen, zu Beginn werden die 500.000 € angelegt.
1109228,97 FV	1.109.228,97	Am Ende der verbleibenden 10 Jahre Spardauer werden die oben ausgerechneten rund 1,1 Mio. € für die kommende Entnahmezeit benötigt.
0 PMT	0,00	Es erfolgen keine Einzahlungen zwischendurch.
I/YR	8,29	Der notwendige, effektive Zins in den verbleibenden Sparjahren beträgt 8,29 % (die nach Steuern erzielt werden müssen).

Während Sie so die Zahlen nachrechnen, kommt der Kunde, kommt die betreffende Person und sagt „Ich habe eines ganz vergessen: Ich investiere jeden Monat noch 2.500 € in einen Aktienfonds. Als Sparplan. Welchen Einfluss hat das auf die Berechnung?"

Eingabe	Display	Erklärung
12 GT PMT	12,00	Es geht um eine Einmalanlage, verbunden mit einem monatlichen Sparplan.
10 GT N	120,00	Insgesamt sind es noch 120 Monatszahlungen bis zum Rentenbeginn.
500000 +/− PV	− 500.000,00	Wieder werden zu Beginn die 500.000 € angelegt.
2500 +/− PMT	− 2.500,00	Monatlich werden 2.500 € gespart und investiert.
1109228,97 FV	1.109.228,97	Am Ende der verbleibenden 10 Jahre Spardauer werden die oben ausgerechneten rund 1,1 Mio. € für die kommende Entnahmezeit benötigt.
I/YR	3,95	Der notwendige, nominale Zins beträgt für die verbleibenden Sparjahre 3,95 % (die nach Steuern erzielt werden müssen).
GT PV	4,03	Der notwendige, effektive Zins beträgt für die verbleibenden Sparjahre 4,03 % (die nach Steuern erzielt werden müssen).

Zwei Trainingsbeispiele zur Schulung abstrakten Denkens

Ergebnis: Die betroffene Person kann völlig beruhigt der Rentenzeit entgegen sehen. Es muss keine risikoreiche Anlageform gewählt werden. Wenn das bereits vorhandene Vermögen (500.000 €) und die monatlichen Sparraten lediglich gute 4 Prozent effektiv erbringen, stehen zu Beginn der Rentenzeit die notwendigen rund 1,1 Millionen € zur Verfügung, die dann über dreißig Jahre bei angenommen vier Prozent effektivem Entnahmezins monatlich 5.250 € bringen. Diese 5.250 € zzgl. der Betriebsrente von 2.500 € und der Leistungen der gesetzlichen Rentenversicherung von 11.250 € sichern die gewünschte Gesamtentnahme in Höhe von monatlich 19.000 €.

 Berechnung zu Frage 2

Für den folgenden Lösungsweg wird davon ausgegangen, dass sich das Vermögen, das nicht in Aktien angelegt werden soll (500.000 minus 275.000 €) zzgl. der monatlichen Sparrate mit 4 Prozent effektivem Zins vermehrt.

Eingabe	Display	Erklärung
12 GT PMT	12,00	Es geht um eine Einmalanlage, verbunden mit einem monatlichen Sparplan.
10 GT N	120,00	Insgesamt sind es noch 120 Monatszahlungen bis zum Rentenbeginn.
4 GT PV	4,00	Der effektive Zins beträgt wie vorgegeben 4 %.
GT I/YR	3,93	Der nominale Zins beträgt somit 3,93 %.
225000 +/− PV	− 225.000,00	Zu Beginn kommen noch 225.000 € zur sicherheitsorientierten Anlage.
2500 +/− PMT	− 2.500,00	Monatlich werden 2.500 € gespart und investiert.
FV	699.794,78	Das Endvermögen beträgt für diesen Teil des Vermögens rund 700.000 €.

Nun zu den 275.000 €, die nach Meinung des Bankberaters nach der Pi-mal-Daumen-Formel (100 minus Lebensalter) derzeit in Aktien angelegt werden sollten.

Eingabe	Display	Erklärung
1 GT PMT	1,00	Es geht um eine Einmalanlage.
8 GT N	8,00	Insgesamt sind es noch 8 positive Jahre.
12 I/YR	12,00	Der nominale wie effektive Zins (beides gleich, da eine Verzinsungsperiode pro Jahr) beträgt 12 %.
275000 +/− PV	− 275.000,00	Die Anfangseinlage beträgt 275.000 €.
0 PMT	0,00	Es erfolgen keine Einzahlungen zwischendurch.
FV	680.889,87	Das Endvermögen beträgt nach 8 Jahren in diesem Fall und bei diesen Vorgaben 680.889,87 €.
Nun folgen sofort im Anschluss (das Endergebnis im Display stehen lassen) die beiden Jahre mit jeweils minus 10 %.		
+/− PV	− 680.889,97	Das Vorzeichen wird gewechselt, dann erfolgt die Belegung der Taste PV. Die −680.889,97 € sind quasi die Anfangseinlage der letzten beiden Jahre.
2 GT N	2,00	Es sind noch 2 Anlagejahre zu berechnen.
10 +/− I/YR	− 10,00	Der nominale wie effektive Zins (beides gleich, da eine Verzinsungsperiode pro Jahr) beträgt minus 10 % für jedes der letzten beiden Jahre.
FV	551.520,08	Das Endergebnis nach insgesamt 10 Anlagejahren beträgt für den Aktienanteil rund 551.000 €.

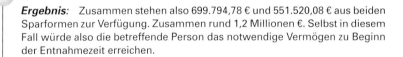

Ergebnis: Zusammen stehen also 699.794,78 € und 551.520,08 € aus beiden Sparformen zur Verfügung. Zusammen rund 1,2 Millionen €. Selbst in diesem Fall würde also die betreffende Person das notwendige Vermögen zu Beginn der Entnahmezeit erreichen.

Dieser Trainingsfall sollte Ihnen zeigen, wie sich selbst zunächst komplex anhörende Sachverhalte in kleine, überschaubare und rechenbare Schritte einteilen lassen. Dabei gilt, wie gesagt: Vielleicht kommen Sie auf weitere Möglichkeiten, wie was berechnet werden kann oder soll. Vielleicht haben Sie noch zusätzliche Gedanken, welche Varianten berechnet werden könnten. Dann legen Sie los! Je mehr Sie „spielen" und eigene Gedanken rechnerisch nachvollziehen, desto mehr Übung bekommen Sie.

Zwei Trainingsbeispiele zur Schulung abstrakten Denkens

❓ BEISPIEL: TRAININGSFALL 2

Eine Kundin besitzt ein Vermögen in Höhe von 8.000 €. Sie wendet sich an einen Berater und bittet um eine eher konservative Geldanlage. Sie interessiert sich für international anlegende Rentenfonds. Das Geld soll noch rund fünf bis zehn Jahre liegen bleiben und sich vermehren. Der Berater empfiehlt ihr die Anlage in einem offenen Immobilienfonds. Der Ausgabeaufschlag beträgt 5,3 Prozent, der durchschnittlich zu erzielende Zins wird vom Berater mit 5,2 Prozent angegeben. Wie hoch ist das Vermögen zum Ende des fünften bzw. des zehnten Jahres, wenn die Kundin dem Rat des Fachmanns folgt und dessen Renditeannahmen tatsächlich eintreffen? Wie hat sich die Geldanlage nach fünf bzw. zehn Jahren effektiv gerechnet? Wie hoch wäre das Ergebnis, wenn die Kundin in international anlegende Rentenfonds investiert? Diese haben einen Ausgabeaufschlag von 4,5 Prozent. Der durchschnittlich jährlich erzielte, effektive Zins beträgt 6,8 Prozent.

Als Erstes wird die Berechnung für die Immobilienfondsanlage durchgeführt. Folgender Betrag kommt noch nach Abzug des Ausgabeaufschlags zur Anlage:

Sparbetrag	8.000,00 €
− Ausgabeaufschlag 5,3 %	402,66 €
= Zur Anlage kommender Betrag	7.597,34 €

Es kommen also nur noch 7.597,34 € (= 8.000 / 1,053) zur Anlage in den Immobilienfonds. Diese Rechnung brauchen Sie aber nicht separat auf einem Zettel durchzuführen, sondern können sie mit dem Taschenrechner vornehmen und das Ergebnis direkt im Speicher ablegen. Nun ermitteln Sie das Vermögen, das die Kundin bei einem effektiven Zins von 5,2 Prozent nach 5 Jahren mit dem Immobilienfonds erreicht hat.

Eingabe	Display	Erklärung
1 GT PMT	1,00	Es wird nur die Einmalanlage ohne regelmäßige Zahlungen gerechnet.
5 GT N	5,00	Sie errechnen das Vermögen nach 5 Jahren.
5,2 I/YR	5,20	Der Immobilienfonds erreicht einen Zins von 5,2 %. Aufgrund der einjährigen Periode ist effektiver Zins gleich nominaler Zins.
8000 / 1,053 = +/− PV	− 7.597,34	Sie berechnen den Anlagebetrag von 7.597,34 € und speichern diesen als Einmalanlage ab.
0 PMT	0,00	Es erfolgen keine regelmäßigen Zahlungen.
FV	9.789,04	Nach 5 Jahren ist das Vermögen auf 9.789,04 € angewachsen.

Hat sich nun die 5-jährige Anlage effektiv gelohnt? Dazu rechnen Sie den Zins aus, der bei der gesamten Anlage erzielt wurde, auf Basis der angelegten 8.000 €.

Eingabe	Display	Erklärung
8000 +/− PV	− 8.000,00	Die Kundin zahlt 8.000 € an die Fondsgesellschaft.
I/YR	4,12	Die Kundin hat mit der 5-jährigen Anlage einen Zins von 4,12 % erzielt.

Um das Vermögen für 10 Jahre auszurechnen, müssen Sie die Jahreszahl, den Anlagebetrag neu ausrechnen und den Zins von 5,2 Prozent eingeben, da dieser bei der vorigen Rechnung verändert wurde.

Zwei Trainingsbeispiele zur Schulung abstrakten Denkens

Eingabe	Display	Erklärung
10 GT N	10,00	Sie errechnen das Vermögen nach 10 Jahren.
5,2 I/YR	5,20	Der Immobilienfonds erreicht einen Zins von 5,2 %. Aufgrund der einjährigen Periode ist effektiver Zins gleich nominaler Zins.
8000 / 1,053 = +/− PV	− 7.597,34	Sie errechnen den Anlagebetrag von 7.597,34 € und speichern diesen als Einmalanlage ab.
FV	12.613,02	Nach 10 Jahren ist das Vermögen auf 12.613,02 € angewachsen.

Nun kennen Sie das Vermögen, das die Kundin mit Hilfe des vom Berater vorgeschlagenen Immobilienfonds erreicht. Wie hat sich nun die 10-jährige Anlage effektiv gerechnet? Welchen Zins hat er nun mit den 8.000 € erzielt?

Eingabe	Display	Erklärung
8000 +/− PV	− 8.000,00	Die Kundin zahlt 8.000 € an die Fondsgesellschaft.
I/YR	4,66	Die Kundin hat bei der 10-jährigen Anlage für Ihr eingezahltes Geld einen Zins von 4,66 % erzielt.

Nun kennen Sie das Vermögen und die effektive Verzinsung für die Anlage in dem Immobilienfonds. Für den Vergleich errechnen Sie das Vermögen, das die Kundin mit dem erwähnten Rentenfonds (Ausgabeaufschlag: 4,5 % ; Zins: 6,8 %) erreicht.

Eingabe	Display	Erklärung
1 GT PMT	1,00	Es wird nur mit der Einmalanlage ohne regelmäßige Zahlungen gerechnet.
5 GT N	5,00	Sie ermitteln das Vermögen nach 5 Jahren.
6,8 I/YR	6,80	Der Rentenfonds erreicht einen Zins von 6,8 %. Aufgrund der einjährigen Periode ist effektiver Zins gleich nominaler Zins.
8000 / 1,045 = +/– PV	– 7.655,50	Sie errechnen den Anlagebetrag von 7.655,50 € und speichern diesen als Einmalanlage ab.
0 PMT	0,00	Es erfolgen keine regelmäßigen Zahlungen.
FV	10.637,26	Nach 5 Jahren ist das Vermögen auf 10.637,26 € angewachsen.

Auch hier brauchen Sie für die Umstellung auf die 10-jährige Laufzeit nur einen Wert zu verändern. Um die effektive Verzinsung der Anlage herauszubekommen, speichern Sie wieder minus 8.000 € auf PV und fragen den Zins ab.

Eingabe	Display	Erklärung
10 GT N	10,00	Sie ermitteln das Vermögen nach 10 Jahren.
FV	14.780,40	Nach 10 Jahren ist das Vermögen auf 14.780,40 € angewachsen.

Ergebnis: Würde die Kundin ihren Anlagewunsch realisieren, so würde Sie auf 5-Jahres-Sicht 850 € und auf 10-Jahres-Sicht sogar über 2.000 € mehr an Vermögen besitzen.

Hinweis

Diesem Trainingsfall liegt ein Originalfall aus der Praxis zugrunde. In der Realität hatte der Bankberater alles versucht, die Kundin von der Anlage in den offenen Immobilienfonds seines Instituts zu überzeugen. Er sprach davon, dass bereits nach vier bis fünf Jahren diese Anlageentscheidung einen sehr guten Gewinn bringen würde. Was halten Sie – nach der Lösung – von der Aussage des Beraters? Es ist also wichtig, dass Sie in Zukunft den Taschenrechner zu solchen Beratungsgesprächen mitnehmen. Einerseits wird der Berater von der schnellen Berechnung verblüfft sein und andererseits haben Sie bei solchen Fällen ein gutes Argument in der Tasche.

Häufig gestellte Fragen

☐ *Der Taschenrechner zeigt bei Kommabeträgen anstatt des Kommas ein Punkt an. Wie kann ich das ändern?*

In Ihrem Taschenrechner ist noch die amerikanische Voreinstellung gespeichert. Dort wird das Komma zu einem Punkt und der Punkt zum Komma getauscht (100,000.00). Sie ändern das, indem Sie die gelbe Taste und danach den Punkt (zwischen 0 und =) drücken.

☐ *Der Taschenrechner zeigt mir mehr als zwei Stellen hinter dem Komma an. Wie kann ich das ändern?*

Drücken Sie hierzu die gelbe Tasten, danach das Gleichheitszeichen (=) und nun die Zahl der gewünschten Stellen hinter dem Komma, zum Beispiel: „GT = 2" für zwei Stellen nach dem Komma.

☐ *Warum zeigt mir der Taschenrechner bei der Ergebnisabfrage die Bedeutung „no Solution" im Display an?*

Bei der Eingabe in PV, PMT oder FV haben Sie ein Minuszeichen vergessen. Sie haben zum Beispiel im gesamten Zeitraum nur Geld bekommen, ohne etwas zu bezahlen oder nur Geld bezahlt, ohne etwas bekommen zu haben.

☐ *Ich löse die Aufgaben genau nach dem Lösungsschema, komme jedoch nicht auf das angegebene Ergebnis. Woran kann das liegen?*

Das kann an mehreren Faktoren liegen. Es könnte daran liegen, dass Sie den vorschüssigen Zahlungsmodus eingeschaltet haben. Im Display steht dabei BEGIN und kann zu geringen Abweichungen im Ergebnis führen. Um das zu ändern, drücken Sie GT MAR. Nun müsste das BEGIN-Zeichen im Display wegfallen und Sie bekommen das richtige Ergebnis.

Falls das noch nicht der Fall ist, drücken Sie auf GT C und lösen die Aufgabe erneut.

Es könnte auch an der Rundung der Zahlen liegen. Es kann sein, dass bei manchen Aufgaben mit dem genauesten Wert gerechnet wurde. Im Display sehen Sie zwar nur zwei Nachkommastellen, doch der Rechner rechnet immer mit dem genauesten Wert.

☐ *Kann man vorschüssige Zahlungen mit dem Taschenrechner durchführen?*

Ja, drücken Sie GT MAR, um vorschüssige Zahlungen durchzuführen. Bei vorschüssigen Zahlungen steht im Display „BEGIN", bei nachschüssigen ist nichts im Display vermerkt.

Übungsfall

Hinweis: Der folgende kleine Übungsfall soll noch einmal Ihre Fähigkeit trainieren, eine vorgegebene Lösung nachzuvollziehen. Er soll noch einmal die Fähigkeit trainieren, auch vorschüssige und nachschüssige Zahlungsweisen zu beachten. Auf diese Weise kann der Lerneffekt sehr, sehr groß sein.

 BEISPIEL

Sie fragen Ihren Versicherungsberater, welches Vermögen herauskommt, wenn Sie 15 Jahre lang 200 € monatlich bei 5 Prozent Ausgabeaufschlag und 9 Prozent Zins anlegen. Der Versicherungsberater rechnet einige Zeit, dann druckt er Ihnen das Ergebnis aus: 70.339 €.

Ihre Aufgabe ist es nun nachzuvollziehen, wie dieses Ergebnis zustande kommt.

Risikoklasse	3 (Gewinnorientiert)		
Wertpapierkennnummer	848466		
Ausgabeaufschlag	5,00%, ist in der Beispielrechnung bereits berücksichtigt		
Betrachtungszeitraum	15 Jahre		
Regelmäßige Anlage	200 EUR monatlich bei 15 Jahren Einzahlungsdauer		
Zahlungen Summe der Einzahlungen	36.000 EUR		
Steuerliche Betrachtung	Steuerliche Auswirkungen wurden nicht berücksichtigt		
Bei Annahmen für die Wertentwicklung von p.a.	6,00 %	9,00 %	10,00 %
ergibt sich im 5. Jahr	13.299 EUR	14.337 EUR	14.699 EUR
im 10. Jahr	31.097 EUR	36.397 EUR	38.372 EUR
am Ende der Laufzeit ein Kapital von	54.915 EUR	70.339 EUR	76.499 EUR

 Berechnung

Eingabe	Display	Erklärung
12 GT PMT	12,00	Sie sparen monatlich.
15 GT N	180,00	Sie möchten das Vermögen nach 15 Jahren wissen.
9 I/YR	9,00	Sie rechnen mit nominalen Zins.
0 PV	0,00	Sie zahlen keine Einmalanlage.
200 / 1,05 +/– PMT	– 190,48	Sie ziehen den Ausgabeaufschlag von 5 % ab und speichern den Sparbetrag negativ als regelmäßige Zahlung ab.
FV	72.077,29	Nach 15 Jahren haben Sie ein Vermögen von 72.077,29 € erreicht.

 Sie sehen selbst: Ihr Ergebnis weicht von dem des Beraters ab. Viele gehen nun hin und meinen, entweder würde der Rechner des Versicherungsberaters falsch rechnen oder der eigene Taschenrechner wäre doch nicht so gut wie versprochen. Besser als so zu denken ist es, zu überlegen, welche Varianten nun bei gleichen Vorgaben berechnet werden können. Die erste Variante wäre, aus den soeben eingegebenen nominal 9 Prozent effektiv 9 Prozent zu machen. Die Eingabe lautet also wie folgt ...

Eingabe	Display	Erklärung
9 GT PV	9,00	Der Zins ist nun 9 % effektiv.
GT I/YR	8,65	Sie rechnen in den nominalen Zins um.
FV	69.835,91	Mit einem effektivem Zins von 9 % haben Sie ein Vermögen von 69.835,91 € errechnet.

Auch jetzt stimmt Ihr Endergebnis noch immer nicht mit dem des Versicherungsberaters überein. Welche Variable kann nun noch weiter verändert werden? Richtig! Wir haben die ganze Zeit mit nachschüssiger Zahlung gerechnet. Es kann also sein, dass wir bereits alle Variablen richtig eingegeben haben, der Versicherungsberater jedoch mit vorschüssiger Zahlungsweise gerechnet hat. Wir kontrollieren ...

Eingabe	Display	Erklärung
GT MAR	BEGIN	Sie haben nun die vorschüssige Zahlung aktiviert.
FV	70.339,24	Sie haben mit vorschüssiger Zahlung das Ergebnis ermittelt, das der Berater Ihnen genannt hat.

Die alles entscheidende Botschaft lautet: Die Formeln in der Finanzmathematik können im Grunde genommen immer nur zu einem richtigen Endergebnis führen. Weichen also zwei mit unterschiedlichen Systemen berechnete Ergebnisse voneinander ab, gilt es, sich auf die Suche zu machen, welche Variablen im Berechnungsweg verändert werden können. Diese „Fahndung nach der geänderten Größe" kann sehr viel Spaß machen und bringt vor allem einen enormen Lernerfolg!

FQ Finanzielle Intelligenz und das Geheimnis der 3Z

FQ Finanzielle Intelligenz ist der Titel dieses etwas anderen Geldbuches. Es ist gleichzeitig auch das erste Geldbuch, mit dem Sie auf außergewöhnliche Weise eine besondere Form finanzieller Unabhängigkeit erreichen können. Wenn Sie es bis hierhin gelesen und mitgearbeitet haben, können Sie besser mit Zahlen umgehen als ein großer Teil der Finanzberater. Wichtig war mir auch Folgendes: Immer wieder erscheinen neue Geldbücher, in denen spannende Geldberechnungen auftauchen. Für Sie gilt ab sofort: Lesen Sie nicht nur, was die Autoren schreiben. Rechnen Sie auch einmal nach, wie gut der jeweilige Autor überhaupt rechnen kann. FQ Finanzielle Intelligenz ist erlernbar. Es braucht nur wenige Zutaten: Die Kenntnis der Wirkung von

- [ ] **Zins**
- [ ] **Zeit**
- [ ] **Zahlungen**

So wie in einem der ersten Kapitel beschrieben. Wenn Sie diese drei Zutaten Zins, Zeit und Zahlungen selbst berechnen können, verfügen Sie über das entscheidende Know-how, wie Sie Ihre private Finanzplanung in den Griff bekommen, wie Sie Ihre Finanzen in Ordnung halten. Dazu kommen selbstverständlich Feinheiten wie beispielsweise die Besteuerung verschiedener Formen der Geldanlage. So kann je nach individueller steuerlicher Situation ein effektiver Zins von 6 Prozent mehr sein, als ein Zins von 8 Prozent. Dann nämlich, wenn von den 8 Prozent 3 Prozent weggesteuert werden und die 6 Prozent Ihnen steuerfrei bleiben. Mit ein wenig Übung werden Sie jedoch auch hier immer wieder neue, kreative Lösungen ER-FINDEN. Erfinden bedeutet VER-SUCHEN. Versuchen bedeutet: sich Mühe geben, eine Lösung zu berechnen. Meine abschließende Botschaft an Sie lautet: Finanzielle Intelligenz ist für jeden möglich. Reichtum kann jeder lernen. Die Gesetze des Geldes kann jeder lernen. „Du willst, was du tust". Das ist das ganze Geheimnis. Sie wollen besser mit Geld umgehen können und weit gehende, persönliche Unabhängigkeit in Geldfragen erreichen. Sie tun aber nichts und haben auch keine Lust, sich einmal mit Anleitung sowie mit einem Hilfsmittel (den in diesem Buch beschriebenen Taschenrechner) schlau zu machen? Nun gut! Die Botschaft lautet: Sie wollen, was Sie tun! In diesem Fall wollen Sie nicht wirklich. Weil Sie auch nichts tun! Das ist alles.

Nochmals: Finanzielle Intelligenz ist für jeden möglich. Reichtum kann jeder lernen. Alles, was Sie brauchen ist Ihr Wille, es zu tun, ist Ihr Wille, sich nicht damit zufrieden zu geben, dass Sie nur über Geld lesen und darüber staunen, wie spielerisch der ein oder andere Autor über Geld schreibt und mit Zahlen umgeht. Ihr Ziel sollte Unabhängigkeit in finanziellen Angelegenheiten sein. Damit sparen Sie sich auf Dauer jede Menge Ärger. Sie erreichen auf diese Weise und auf der Grundlage entsprechender Kenntnisse schneller finanziellen Reichtum und Wohlstand als alle, die Geldwissen lediglich konsumieren. Noch eine kleine aber nicht zu unterschätzende Nebenwirkung hat es, wenn Sie selbst rechnen können: Es werden sich nur noch die besten Berater an Sie heranwagen. Finanzberater, die nicht rechnen können und daher – wie von mir genannt – Finanzrater sind, werden künftig einen sehr, sehr weiten Bogen um Sie machen.

All diese positiven Folgen sind das Ergebnis, wenn Sie sich mit diesem Buch und dem dazu gehörenden Taschenrechner intensiv beschäftigen. Sie brauchen dazu nicht mehr als sieben Abende mit einigen Stunden, an denen Sie üben, üben, üben. Anschließend brauchen Sie nicht mehr als zwei, drei Wiederholungen pro Tag. Damit speichern Sie nach und nach Ihr neu erworbenes Wissen im Langzeitgedächtnis ab. Das ist entscheidend! Sie müssen alles tun, um Ihr Wissen aus dem Ultrakurzzeitgedächtnis (unmittelbarer Lernerfolg nach dem ersten Rechnen einer Aufgabe) in das Kurzzeitgedächtnis und von dort durch regelmäßige Übung in das Langzeitgedächtnis zu befördern. Das ist alles. Ich verspreche Ihnen: Die Anwendung des in diesem Buch beschriebenen Geld-Knowhow bringt Ihnen auf diese Weise in Form künftiger, cleverer Geldgeschäfte einen Stundenlohn von einigen hundert Euro. Jede Stunde Lernen wird sich für Sie mit beträchtlichen Folgen bezahlt machen. Denken

Sie bitte daran: „Du willst, was du tust!" Das ist die alles entscheidende Botschaft. Tun Sie es, handeln Sie jetzt! Rechnen Sie jetzt! Wiederholen Sie die Aufgaben. Tag für Tag, Woche für Woche. Wenden Sie das in diesem Buch beschriebene Know-how für finanzielle Intelligenz an. Damit, nur damit beweisen Sie sich, dass Sie Reichtum und Wohlstand, dass Sie Unabhängigkeit in finanziellen Fragen und auf Dauer finanzielle Freiheit wirklich wollen! Ach ja, eines noch: Wenden Sie das in diesem Buch neu erlernte Know-how auch an und testen Sie Ihren Finanzberater! Wie gut kann eigentlich Ihr Finanzberater rechnen? Oder ist er (oder sie) lediglich ein Finanzrater, kann also selbst nicht locker und leicht mit Zahlen umgehen? Meine Botschaft an Sie lautet: Vermeiden Sie jede Form grundlosen Respekts vor Finanzberatern! Entweder kann ein solcher Berater mühelos und spielerisch mit Zahlen umgehen, nach Möglichkeit besser als Sie selbst! Dann können Sie ihn in die engere Wahl nehmen. Oder aber Ihr Finanzberater, gleich ob Bank-, Versicherungs- oder freier Finanzberater kann nicht rechnen. Erweist sich als Finanzrater! Dann verabschieden Sie ihn blitzartig! Trennen Sie sich von solchen Typen, die Sie beraten wollen, selbst aber mit Zahlen nicht umgehen können! Ich weiß, das klingt hart! Aber es ist auf den Punkt gebracht!

Ihr

Bernd W. Klöckner

Dankeschön

In erster Linie gilt mein Dank dem gesamten Team des Gabler-Verlag. Namentlich Bernhard Rudolf, Chefredakteur des Versicherungsmagazin. Ohne dessen Zutun hätte es die Zusammenarbeit mit dem Gabler-Verlag und folglich auch dieses Buch für Ihre Unabhängigkeit in finanziellen Fragen nicht gegeben. Dann bedanke ich mich bei Jan Peter Kruse, der als Verlagsleiter Management/Finanzleistungen den Mut hatte, einem solchen außergewöhnlichen Buchprojekt zuzustimmen. Mein Dank gilt ebenso Guido Notthoff, verantwortlicher Lektor dieses Buchprojekts. Wie immer gilt mein ausdrückliches Dankeschön auch meinem Medienagenten Thomas Montasser und seinem Beraterteam. In besonderer Weise gebührt jedoch meinem Mitarbeiter Werner Dütting ein herzliches Dankeschön verbunden mit einem besonders großen Lob. Er hat entscheidend an diesem Buch mitgewirkt. Ganze Kapitel bearbeitete er nach gemeinsamer Konzeption selbstständig und mit größter Zuverlässigkeit. Zum Schluss gilt mein Dank allen Teilnehmern meiner bisherigen Seminare, die ich seit 1998 in Deutschland, Österreich und der Schweiz durchgeführt habe. Darunter waren bislang über 15.000 Finanzdienstleister und mehrere tausend Verbraucher. Die großartige Resonanz auf mein Rechen-Training und der gerade bei Verbraucherseminaren immer wieder gehörte Wunsch nach Unabhängigkeit in finanziellen Fragen waren der Anlass, dieses Buch zu schreiben. Ebenfalls bedanke ich mich in diesem Zusammenhang bei den verantwortlichen Entscheidern und Vorständen der Unternehmen, die seit 1998 regelmäßig das von mir gebotene Rechentraining ihren Mitarbeitern und Mitarbeiterinnen „verschreiben". Hierbei gilt mein Dank ausdrücklich auch allen sorgfältig von mir ausgewählten Anzeigenkunden dieses Buches.

Stichwortverzeichnis

A
Ablaufleistung 83 f., 190
Abschlussgebühr 74, 78 ff.
Aktien 117, 119, 125
Aktienfonds 70, 76, 78, 80, 94, 101, 107, 109, 122, 126 ff., 133, 151 ff., 178, 180, 190, 192, 194 ff., 208, 210, 221
Aktienfondssparplan 75, 131, 172 f., 209
Altersvorsorge 34, 59, 141
Annuität 88
Ausbildungsversicherung 177 f., 180 f.
Ausgabeaufschlag 74, 76 ff., 178, 194, 197, 203 f., 206, 209 ff., 224, 226, 230
Auszahlung 45
Auto 158
Autokredite 151

B
Baisse 117
Bankberater 21
Banksparplan 195, 198
Barwert 81, 84
Bausparverträge 74
Bedürfnis 126
Beitragfreistellung 190
Bonussparplan 23, 196, 206
Börse 128

Börsenkurse 101
Bruttojahreseinkommen 165

C
Cash-Flow-Berechnung 38
Certified Financial Planner 24
Cost-Average-Effekt 136 f., 140

D
Darlehen 31 ff., 85, 141
Dow Jones 64, 140
Dynamik 95, 188

E
Effektivzins 23, 48, 50 f., 57
Einkommen 148
Einmalanlagen 136
Einmalzahlungen 40, 73
Einstiegszeitpunkt 101, 106
Einzahlung 45
Endkapital 26 f., 29 f.
Endwert 40
Erbschaft 69, 71, 197, 212

F
Festgeldanlage 55
Finanzberater 21, 24
Finanzmathematik 25
Finanzplanung 126
Fondspolice 83
Fondssparen 90

Fondssparplan 74, 79, 188
Formeln 25, 34
Future Value 43

G
Gegenwartswert 40
Geheimnis der 3Z 233
Geldpsychologie 99 ff.
Gewinngier 128
Gier 147
Grundzulage 164 f.

H
Haus 141
HP 10 B II 35, 37 f., 41, 43, 49 ff., 53, 61, 95, 97

I
Immobilien 145, 147, 218
Immobilienfonds 224, 226
Inflation 82 f., 143, 159 ff., 163
Investmentfonds 87, 102, 110, 177, 185 f., 195, 199
Investmentfondssparplan 178

K
Kapitallebensversicherung 83
Kapitalmehrung 131
Kaufkraft 81, 83, 159 ff.
Kindergeld 151, 165
Kinderzulage 165 f.
Konsum 89
Kontinuität 128
Kredite 86, 89, 204
Kurzläufer-Rentenfonds 107, 109

L
Langzeitgedächtnis 234
Lebensversicherung 74, 187 ff., 197, 209
Leibrente 159

Lernerfolg 234
Lernfortschritte 63
Lottogewinn 70 f.

M
Millionäre 140, 142, 147

N
Neuer Markt 125
NO SOLUTION 45

P
Payment 40, 43
Pensionszusage 217
Performance 65 ff.
Preisangabenverordnung 49
Present Value 40, 43
Produktvergleich 177, 209

R
Ratenkredite 85, 89
RCL-Taste 47
Rendite 65, 67
Rente 110, 192, 194, 198, 218 f.
Rentenfonds 148 f., 180, 192, 197, 212 ff., 224, 226
Rentenfondssparplan 196, 206
Rentenversicherung 159, 218 f.
Restschuld 32, 89
Riester-Rente 164, 166, 172, 176
Riester-Sparplan 169, 171
Risikolebensversicherung 178, 181, 209 f.
Rückkaufswert 188
Ruhestand 218

S
Schuldenfalle 85
7-Tage-Methode 128
Sparbuch 181, 185
Sparplan 22, 29, 34, 45, 60, 63, 91, 95, 102, 136, 181, 221

Sparrate 28 f., 31
Sparstrumpf 160
Sparvertrag 28
Sparvorgänge 26
Sparzulage 91
Spaßgeld 99 f.
Steuerrückzahlung 69, 71
Stop-Loss 125

T
Tarifvertrag 90
Taschenrechner 37, 41, 48, 229 ff.
Testergebnisse 23
Time Value of Money 43

U
Ultrakurzzeitgedächtnis 234

V
Verbindlichkeiten 140
Verdoppelungstraum 135
Verlust 115 f., 118, 120
Verlustausgleich 114, 119
Vermögensverwaltung 218
Vermögenswerte 140, 147 f.
Vermögenswirksame Leistungen 90, 94
Versicherungen 181
VL-Sparplan 91

W
Wertsteigerung 143
Wohnung 141 f., 145
Wunsch 126, 128

Z
Zahlungsstrom 38 f., 44 ff., 50, 53
Zahlungsunfähigkeit 85
Zinseszins 59
Zinseszinsen 73
Zulagen 164

Der Autor

Bernd W. Klöckner

Der Finanzinsider und 15fache Erfolgs- und Bestsellerautor mit über 250.000 Lesern seiner Bücher ist einer der erfolgreichsten Finanztrainer im deutschsprachigen Raum. Seit 1997 erlebten mehrere zehntausend begeisterte Finanzdienstleister seine in diesem Buch beschriebene, erstmals veröffentlichte Verkaufsmethodik. Klöckner ist Initiator und Gründer des einzigartigen Rechentraining für Finanzdienstleister und Verbraucher, auf das bereits zahlreiche namhafte Unternehmen der Finanzbranche vertrauen. Klöckner ist Finanzinsider mit mehr als 14 Jahren Branchenerfahrung und bekannt durch zahlreiche TV-Sendungen (n-tv GELD; mdr Ein Fall für Escher, WISO und RTL). Der über Monate im voraus gefragte Kongress- und Seminarredner ist zudem Chefredakteur diverser Publikationen. Neben seinen Tätigkeiten im Bereich der privaten Finanzen trainiert er als Unternehmensberater mit großem Erfolg Mitarbeiter von Unternehmen auf der Grundlage der in seinem Buch „Die Magie des Erfolges" beschriebenen, verblüffend einfachen und wirkungsvollen Erfolgsgesetze. Weitere Informationen erhalten Sie unter

Das Buch entstand unter Mitwirkung von Werner Dütting. Er ist Mitarbeiter im KLÖCKNER-INSTITUT, einer der jüngsten Finanzjournalisten und hat bereits erfolgreich an Veröffentlichungen für namhafte Wirtschaftszeitungen mitgearbeitet.

Der finanzmathematische Taschenrechner HP 10BII

HP 10BII - Durch sein modernes Design setzt der HP 10BII neue Maßstäbe im Finanzwesen. Er kombiniert mathematische und statistische Funktionen in einem Gerät und bietet mehr als 100 kaufmännische Funktionen auf einem großen Display mit 12 Zeichen. Der HP 10BII wird stets Ihr treuer Begleiter in der Finanzwelt sein.

Der HP 10BII bietet Funktionen für folgende Bereiche:
- Finanzen
- Statistik
- Mathematik (Basisfunktionen)
- Annuitäten (Kreditrückzahlungen)
- Amortisationspläne
- Cashflow-Berechnungen mit Aktualisierungen
- Zinssatzumrechnungen

Geschäft/Finanzen
- Zeitwert des Geldes (für Einsparungen, Darlehen, Leasing)
- Amortisationspläne
- Zinssatzumrechnungen
- Preis-/Kostenkalkulation, Margen und Prozentsätze
- % Schwankungsbereich

Mathematik/Statistik
- $+$, $-$, x, $\div$, $\sqrt{}$, $\pm$, $1/x$, $\ln$, e^x, n-te Wurzel
- Standardabweichung, Mittelwert, gewichtetes Mittel
- Lineare Regression
- Korrelationskoeffizient
- Total, Σx, Σx^2, Σy, Σy^2, Σxy
- Prozentsätze

- Prozentsatz des Schwankungsbereichs
- Gewinnspannen als Prozentsatz von Preis-/Kostenkalkulation

Merkmale
- 100 integrierte Geschäftsfunktionen
- Intuitive Eingabe: algebraische Eingabelogik
- Speicher für 15 Register
- Selbsterklärende Beschriftung
- Großes, gut lesbares LCD-Display mit 12 Zeichen
- Robust und handlich
- 2 x CR2032-Batterien
- Schutztasche
- Größe: 144 mm x 78 mm x 13,75 mm
- Zweiteilige Verpackung

Weitere Informationen über HP Taschenrechner finden Sie unter:
E-mail : **calc-d@moravia-consulting.com**,
http://www.moravia-consulting.com

business partner

Hotline:
Deutschland: (+49)-69-95307103
Österreich: (+43)-1-3602771203
Schweiz: (+41)-1-4395358
Fax (für alle Länder): (+49)-89-244310891